JN049973

1日1フレーズで ぐんぐん 伸びる！

올리버쌤의 미국식 아이 영어 습관 365

Do you want me to help you turn the pages?

It stings!

Wow! What is that?

Is that enough water?

Can I have a shovel?

子ども英語 366

作 オリバー・グラント
絵 チョン・ダウン

KADOKAWA

はじめに

　子どもはママやパパの口から出てくる音を聞きながら言葉を身につけていきます。それは、どんなおもしろい本や楽しい歌よりも、ママとパパの声のほうが好きだから。

　愛に満ちたふれ合いの中で、少しずつ言葉もはっきりしてきて、あるとき話しはじめます。はじめて「ママ」「パパ」などの言葉を発することができたときは、きっととってもうれしいはずです。そして、もっと言葉を覚えたい！と思うのではないでしょうか。こうして子どもは、まわりの人とのふれ合いを通して、母国語を話せるようになっていきます。

　母国語を覚えるとき、親子のふれ合いが最も大切だというのは、おそらくほとんどの保護者の方は理解していると思います。ところが、英語（外国語）を覚えさせるときは、なぜか最も大切なふれ合いという要素を忘れてしまうのです。

　その原因は、子どもとどう英語でふれ合えばいいか、たぶん親の側もよくわかっていないからではないでしょうか。どんな表現でどう話せばいいのか、わからない……。

　そこでぼくは、自分が子どものときに母から教わった、そして今でも多くのアメリカ人が実際に使っている、生きた英語の表現をまとめてみてはどうだろうと考えました。それは、難易度の高い

表現よりも、ふれ合いを重視した表現です。この本は、愛の表現から、マナーを教える表現、一緒に遊ぶときに使う表現など、多彩なテーマで構成してあります。

　本書を使って、アメリカの親が子どもに話しかけるように、みなさんも、一日1フレーズ、子どもと英語で会話しながらコミュニケーションを取ってみてください。1フレーズずつ、話して、聞いて、答えながら、子どもと英語でふれ合う楽しさを感じてほしいと思います。親と英語で楽しくふれ合えたら、子どもはもっと英語が好きになり、楽しめるようになるはずです。

　子どもがうまくまねできなくても、あせることはありません。子どもが生まれて、まだ「ママ」とすら言えなかったときも、子どもの言いたいことを親がかわりに言ってあげたりもしながら、目や表情で話しかけていませんでしたか？　それと同じように、子どもの言うことを親がまず声に出して聞かせてあげるのもいいですね。まだ言葉を話さない子どもでもすべて聞き取っているように、英語も同様に、聞いて理解することからはじめれば、徐々に口から出てくるようになるでしょう。何より、ママとパパと英語でふれ合うのを楽しむ、ということを忘れないでくださいね。

　　　　　　　　　　　　　　オリバー・グラント

この本の使い方

アメリカの親が子どもに毎日使っている英語表現は、簡単でシンプル。この本は、毎日1ページずつ、366の英語表現を子どもと一緒に言ってみながら、英語への自信をつけることができる本です。1月から12月まで、毎月、子どもの心を元気づけてくれる言葉を収めてあるので、日々子どもと会話するだけでも、幸せな時間を過ごせます。

毎月のテーマ

月ごとにテーマを設けています。「愛」や「体」など、子どもとの会話に欠かせないものばかりです。

二次元コード

読み取ると、その月の音声データをストリーミング再生することができます。日付ごとに再生ができるので、その日のフレーズの正しい発音を学びましょう。

フレーズ1

その日のメインフレーズです。子どもの生活に身近なフレーズが使われているので、ぜひ日常でも声に出してみましょう。

子どものセリフであることが多いよ!

フレーズ2

月によってはフレーズ1に関連するフレーズも紹介しています。
会話形式になっているので、なりきって読むのがおすすめです。

解説文

そのフレーズを使用する場面や、似たような表現を説明しています。

ヒントなど

フレーズの使用時の注意点やヒントなど、ちょっとしたポイントを解説しています。

今日の語句

その日のフレーズに登場する、重要な語句の主な意味を紹介します。

1日1ページやってみよう！

STEP 1 ✦ 正しい発音を聞く

月の最初のページにある二次元コードを読み取り、366日分のうち、その日のフレーズの音声を聞きます。子どもにも正しい音声を聞かせてあげると◎。

STEP 2 ✦ フレーズ1を読み聞かせる

その日のフレーズを大人が読み聞かせます。子どもとふれ合いながら感情を込めて読みましょう。毎日読んであげるのがベストです！　子どももまねして発音できるといいですね。

STEP 3 ✦ フレーズ2を読み聞かせる

日によってはフレーズが複数入っている場合もあります。こちらも基本的には大人が読み聞かせをします。

STEP 4 ✦ 解説を読む

どんな場面で使われることが多いのか、ほかにはどんな言い方があるかなどの解説を読んで理解を深めます。

こんな使い方も！
366日分を順に読んでいってもいいですが、その日に実際に体験したことやお気に入りのフレーズを繰り返し読み聞かせるのもおすすめです。
例）公園に遊びに行った日は9月（遊びのシーンで使う表現）のフレーズを読む
例）寝る前には必ず1月（愛を伝える言葉）のフレーズを読む

* ─── * ─── * ─── * ─── * ─── * ─── * ─── * ─── *

主な登場人物

この本に主に登場するのはアメリカに住んでいる3人の家族。ぜひそれぞれになり切って読んでみてくださいね。

パパ
オリバー・グラント
アメリカ出身で、この本の著者。英語、韓国語、スペイン語を操る。韓国でYouTube「オリバー先生」として英語学習の動画を投稿し、登録者数が200万人を超える人気者。

ママ
チョン・ダウン
韓国出身で、この本のイラストを担当。韓国人がアメリカで暮らす中で経験する、文化の違いなどを楽しく鋭くとらえた日常系ウェブトゥーンをInstagramで連載。

子ども
チェリー
アメリカ・テキサスで、パパ・ママと猫2匹、犬2匹、5羽のニワトリとともに暮らしている。くるくる変わる表情がかわいい女の子。英語と韓国語のバイリンガル教育を受けている。

CONTENTS

COLUMN
🌸 オリバー先生の語学の話イロイロ

STAFF

装丁 ● 小口翔平＋嵩あかり (tobufune)

本文デザイン ● 吉村朋子

校正 ● 麦秋アートセンター

DTP ● 山本秀一・山本深雪 (G-clef)

訳者 ● 李柳真、簗田順子、藤原友代、中川里沙

翻訳協力 ● 株式会社トランネット (www.trannet.co.jp)、佐伯葉子

JANUARY

LOVE

愛を伝える言葉

1月

子どもにとって、ママとパパは世界のすべて。
親からの愛情を受け取るほど、
世の中への信頼が生まれ、自信もつきます。
1月は、愛を子どもに伝えられるよう、さまざまな愛情表現を覚えていきます。
これらの表現を使って無限の愛を伝えてみてください。
子どもはすごく喜びますよ!

1月の音声

右記を読み取ると
日付が選択できます

You are too!

ママとパパも (ぼく／わたしにとって大切) だよ!

You're so precious!

あなたがとっても大切!

子どもがあまりにいとおしくて、何度も何度もこの言葉を口にしてしまいます。
感嘆詞を使って 'My precious baby!' というふうに言い表すこともできます。

今日の語句 **precious** 〔形容詞〕大切な、宝物のような

I'll love you even
more than that!
わたし、それよりもずっと、
ママとパパを愛してるよ!

I'll love you forever
and ever and ever....

いつまでもあなたを愛しているよ。いつまでも、ずっと…

愛しているという言葉は、どれだけ言っても言い足りません。
ever and everと何回も繰り返すことで、
果てしない愛情を表現することができます。

今日の
語句 **forever** 〔副詞〕永遠に

I feel so lucky.
わたし、ラッキーだなあ

I'll always be on your side.

ママ／パパは、いつもきみの味方だよ

一生、自分の味方でいてくれる人がそばにいる、そう信じることができれば、
子どもは自信を持って世の中を生きていけるでしょう。
「いつもきみの味方」という言葉で、子どもに愛情を伝えましょう。

今日の語句　**always**〔副詞〕いつも

I always feel safe when I'm with you.
ママとパパと一緒だと、
どんなときも安心なの

I'll never let anything hurt you.

決して、なにからもきみを傷つけさせないからね

ここでの anything は、何か悪いこと、という意味にとらえてもらえればいいでしょう。
つまり、どんな悪いことが起こっても、わが子を危険から守る、という意味になります。
かよわい、かけがえのない子どもが、自分の胸の中で眠っているとき、
とくに口にしてしまうフレーズです。

今日の語句　**never** 〔副詞〕決して〜ない

**Hug me,
please!**
抱っこして!

I'll hold you close
to my heart.

ぎゅうって抱きしめてあげるよ

抱きしめると言うとhugをまず思い浮かべますが、holdもよく使います。
静かにぎゅっと抱きしめている感じをより表すことができるのです。
ぎゅっと抱きしめてあげていると、あたたかいぬくもりが、
子どもにもっと伝わりますね。

 今日の語句 **close**〔副詞〕もっと近くに

I love you more and more every day!
ママとパパのこと、毎日どんどん大好きになっていくの!

You get cuter every day!

毎日ますますかわいくなっていくね!

子どもの顔は日々、変化していくと言いますね。
実際、経験してみると、それは本当のこと!
毎日変化するだけでなく、日々ますますかわいらしく、
いとおしくなっていきます。
子どもがどれだけ愛らしくてかわいいか、表現してみましょう。

 cuter〔比較級の形容詞〕ますますかわいく

I hurt myself today.
今日、ケガしちゃった

Did you hurt yourself?

ケガしちゃったの?

子どもがケガして泣いているとき、この言い回しを使うことができます。
ママとパパはとても心配して気にかけているよ、という気持ちを伝えます。
hurt yourselfは、自分で傷つけるという意味にとらえられがちですが、
自分で何か失敗をして、ケガをしたときの表現です。

今日の
語句　**yourself**〔再帰代名詞〕あなた自身

Am I your sunshine?

わたしは、ママとパパの
太陽ってこと?

Your smile always brightens my day.

あなたの笑顔は、いつでもママ／パパの一日を明るくしてくれる

子どもを持つまでは誰かの笑顔を見るだけで、
こんなにも心が明るくまぶしくなることがあるなんて知りませんでした。
だから『You Are My Sunshine』という歌があるのでしょう。
子どもの顔に浮かぶ小さなほほえみのおかげで、
ママとパパがどれだけ幸せを感じているかを言い表しています。

 今日の語句 **brighten**〔動詞〕明るくする

17

**I like holding
your hand.**
ママと手つなぐの好き

Give me your hand.

おてて、つなごうね

お出かけのとき、アメリカのママとパパが口癖のように言う言葉です。
直訳すると「手をちょうだい」になるので、ちょっとおもしろいですね。
子どもと楽しくお出かけするときは、小さな手をしっかりと握ってあげましょう。
子どもが、この世の中を安全に探検できるように!

 今日の
語句　**give**〔動詞〕あげる

Pick me up, Daddy.

パパ、抱っこ

Do you want me to pick you up?

抱っこしてほしいの?

ひとり遊びをしていて、助けてほしくなると、
子どもは両手を伸ばして、抱っこしてほしいというサインを送ってきます。
ママ、パパの胸で安心したいみたいですね。
子どもを抱きあげるときは、pick up を使って言い表すことができます。

 今日の
語句 **pick up** 〔句動詞〕抱きあげる

When are we going to visit grandpa?

おじいちゃんのところ、
いつ行くの？

Do you miss your grandpa?

おじいちゃんに会いたい？

ママ・パパと心を通わせるのと同じくらい、
祖父母との絆は、子どもの情緒にとてもいい影響を与えるそうです。
もちろん grandfather, grandmother という呼び方も使います。
もっと短く、papa, nana と言うこともできますよ。

今日の
語句 **grandpa** 〔名詞〕おじいちゃん（「おじいさん」のカジュアルな呼び方）

Who's here?

誰が来たの?

Grandma is here to see you!

おばあちゃんが会いに来たよ!

祖父母が遊びに来ると、子どもはいつでも幸せな気持ちになります。
愛する人がまわりに多ければ多いほど、子どもの幸福感はさらに増すもの。
このような場合、訪ねてきたと言いたいときは、
come, visit ではなく、here を使うと、より自然な表現になります。

 今日の
語句

here 〔副詞〕ここに
＊be here で「到着する・来る」という意味もあります。

Is that for me?
それ、私に？

I've got something special for you!

あなたに特別なプレゼントがあるの!

子どもが好きそうなものやプレゼントを買ってきたときに使える表現です。
ここでの special は、大切だという意味です。
かならずしも、独特で特別なものだけを意味するわけではありません。
誰かにとって大切な存在になった気がしたとき、
英語では 'I feel special.' とも言うんですよ。

今日の
語句　**special**〔形容詞〕特別な

I don't want to
get out of bed yet!

まだ起きたくないよ!

Rise and shine!

起きて!

朝日がのぼって明るく輝く様子を表したアメリカ式の表現です。
'Good morning.'という朝の挨拶の繰り返しに
そろそろ飽きてきたら、新しい朝の挨拶の言葉をかけてみませんか?
一晩中、子どもをあたたかく守ってくれた布団をめくって、
元気に挨拶してみましょう!

今日の
語句 **shine**〔動詞〕輝く

Only for you, Mommy·Daddy!
ママとパパにだけだよ!

Can you make a heart with your arms like this?

こんなふうに、腕でハートをつくれるかな

体を使ってハートの形を描いて、愛情を表現してみましょう。
両腕で大きなハートを描いたり、指でかわいいハートをつくったりすることもできますね。
短い腕で必死にハートをつくろうとする子どもの姿は、なんともかわいいもの。
じつは、アメリカではポピュラーな愛情表現ではありませんが、
気にすることはありません。楽しくてハッピーならOKですよね!

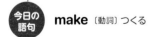 make 〔動詞〕つくる

**I had a dream
about you!**
ママとパパの夢、見たよ!

Did you get
a good night's sleep?

ぐっすり眠った?

直訳して 'Did you sleep well?' と言うこともできますが、上の表現には、
ぐっすり寝たかな、というニュアンスがより生きています。
子どもが夜ぐっすり眠れたということほど、うれしいことはありませんね。
よく眠れたというのは、子どもが気持ちのいい一日のスタートをきれる、
という意味なんですから!　新米ママとパパにとって、
ぐっすり眠るなんて、夢のまた夢ですが……!

 今日の
語句　**sleep**〔動詞〕眠る

Can I sleep in your bed tonight?
今日はママとパパのベッドで寝てもいい？

Did you have a nightmare?

こわい夢、見ちゃったの？

子どもがこわい夢を見るのは、自然なことなのだそうです。
アメリカでは幼いころからひとり寝をさせるので、子どもは悪夢を見ると、
ひとりベッドで目を覚ますことが多いのです。
それで、夜中にこっそり、ママとパパのベッドに行ったりもします。
こわい夢を見たせいで、泣きながら起きてしまった子どもを抱きしめてあげながら、
言ってみてくださいね。

今日の語句 **nightmare** 〔名詞〕悪夢

Stay with me, Mommy·Daddy.

ママ・パパ、私と一緒にいて

Mommy is right here.

ママがここにいるからね

子どもが、バタンと転んだりケガをしたりして泣いているとき、または
不安な気持ちになっているとき、どちらの場合にも使える便利な表現です。
ママがすぐそばにいて、なぐさめてくれている感じがします。
子どもの背中をトントンしながら、言ってみましょう。
パパが言うときは、'Daddy is right here.'と言えばいいですね。

 今日の語句　**right**〔副詞〕すぐ
＊「右」という意味と「すぐ（ここ）」という意味があります。

I'll be careful.
気をつけるね

Daddy doesn't want you to get hurt.

パパはきみにケガしてほしくないんだ

子どもが広い世界を探索するようになるのは、
親としてとても喜ばしいことですが、ケガをしないかと心配にもなりますね。
子どもが危ない行動をしそうになったとき、親が止めることは頻繁にあります。
そういうときは、あなたを愛しているからとめるんだよ、
という言い方をしてあげるようにしています。

今日の
語句　**want**〔動詞〕望む

**I want to
make you proud!**
パパにすごいって思ってほしいな!

That's my girl/boy!

さすが、うちの娘／息子!

自慢したくなるような行動をしたとき、何かうまくやれたときに使える言葉です。
子どもがはじめてハイハイしたとき、はじめて歩いたとき……親が喜べば、
その感情はすぐに子どもに伝わるようです。
それは、子どもの大きな力になってくれることでしょう。

今日の
語句

that 〔代名詞〕あれ、それ、あの、この
＊人に対して言うときはthat'sの表現をよく使います。

This is for you, Daddy.

はいどうぞ、パパ

Let your daddy try some.

パパにもちょっとちょうだい

子どもが小さな手でおいしいお菓子を握りしめる姿はなんとも愛らしいですね。
大きく口を開けて近づくと、お菓子を取られるんじゃないかと心配そうな
目つきになるのも、本当にかわいらしいもの。
お菓子を食べている子どもとふれ合うとき、いつでも使うことができる表現です。
話し手を三人称にして言うのがポイント。
'Let me try some（わたしにもちょうだい）.'と言うよりも、
ちょっとかわいい感じがしますね。

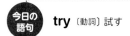 **try**〔動詞〕試す

Can I have
the bigger piece?

大きいほう、食べていい?

How about we split this?

ママと半分こにしない?

半分こにしよう、という表現を英語ではこんなふうに言うことができます。
splitは、きっちり半分に分ける、という意味です。
子どもがおいしいお菓子を半分も分けてくれるかどうかは、
わかりませんが……。

今日の
語句　**split** 〔動詞〕半分に分ける

Don't make fun of me!
からかわないでよ!

Look at your little tummy!

なんてかわいいおなか!

ポコンと出た子どものおなかほど、かわいらしいものはありませんね。
日本語では、ぽっこりふくらんだ感じをポジティブにかわいらしく言い表せますが、
残念ながら英語ではなかなか難しいのです。
多少、ネガティブな感じが含まれるので、fatのような印象は、
できるだけ避けようとします。でも、心配しないでくださいね。
little tummyだけでも十分かわいらしい感じを生かすことができますから。

 今日の語句　**tummy**〔名詞〕おなか（親しみを込めた言い方、ぽんぽん）

You always make me giggle.
ママとパパがいつも
笑わせてくれるからだよ

You have the cutest giggle.

きみの笑い声は最高にかわいいね

笑い声を laughing sound と直訳しないように。少し不自然に聞こえます。
どうしても laugh を使って言いたければ、'I like your laugh.' というふうに使えます。
上のフレーズでは、giggle は「へへ」「キャッキャッ」といった、
子どもたちのかわいらしい笑い声がうまく表現されています。

今日の語句　**giggle**〔名詞〕笑い　〔動詞〕笑う

You!
ママとパパだよ!

Who do you love the most in the whole wide world?

世界でいちばん大好きなのは誰?

親から子どもには、直接愛してるよと言うことができますが、
子どもの口から「大好き」という言葉を引き出したいときには、このフレーズを使います。
もちろん、ママとパパのかわりに、
新しいお友達の名前を言われたら、さみしくなりそうですが。

今日の
語句　**whole** 〔形容詞〕すべての、全体の

**Why are
my cheeks red?**
なんでまっかなの?

Look at your rosy cheeks!

ほっぺがまっかだね!

ぐっすり眠って起きた子どもは、ほっぺがまっかになることがありますね。
ほっぺがまっかになった顔は桃のよう。
英語では、「バラの花の色に染まったみたいに見える」からと、
赤いほっぺを rosy cheeks と言います。
もちろん、ほっぺに鼻をつけてにおいを嗅げば、バラの花びらよりずっと、
やわらかないい香りがしますよね。

**今日の
語句** cheeks 〔名詞〕頬

**Do you want me
to kiss you
on the cheek?**
ほっぺにキスしてほしいの？

Where is my kiss?

キスしてくれる？

直訳すると「ぼくのキスはどこにあるかな？」というように解釈できますね。
でも、じつは「キスして」、という愛嬌のある表現です。
日本語でキスと言うと、恋人同士の口づけを意味しますが、
英語では軽いニュアンスのキス、チュウも含まれます。
英語の kiss は、家族同士の愛情表現の軽い「チュッ」から恋人同士のキスまで、
その範囲はずっと広いのです。

 **今日の語句** kiss 〔名詞〕キス

I want to be just like my father!
パパとおんなじになりたいの!

You laugh just like your father. You're a chip off the old block!

笑い方がパパとおんなじね。本当にパパそっくり!

直訳すると少し意外に感じられる文ですね。
「似ている」ということを英語では「木」を使って表します。
これは木の塊から取れた木のかけらを子どもにたとえる言い方です。
おもに父親に似ている場合に、よく使われる表現です。

今日の
語句 **laugh** 〔動詞〕笑う

**Here's my kiss!
Muah!**

できるよ! チュッ!

Can you blow your daddy a kiss?

パパに投げキッスできるかな?

投げキッスする、さくらんぼのようなくちびると、お茶目な表情、
小さな手がなんとも言えずかわいらしいですね。
ピンクのハートが子どもの手から飛び出して、
ママとパパのところまで広がっていくのが目に見えるかのようです。

今日の
語句　**blow**〔動詞〕吹く

**I have such
a lovely family.**

わたしの家族は最高

Family love is forever.

家族の愛は永遠

アメリカは個人主義の傾向が強い国ですが、
同時に、家族主義的な考え方が強い国でもあります。
そのため、家族みんなを愛している、という表現が多く使われます。
あたたかく安定した家族の懐で、子どもがさらに大きな愛を感じられるように、
家族への愛情をたっぷり表現してみましょう!

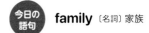

今日の
語句　**family** 〔名詞〕家族

You mean the world to me, too.
パパもママも、わたしのすべてだよ

You mean the world to me, sweetie.

きみはぼくのすべてだよ

どれだけ愛しているかを表現するときのフレーズは、
できるだけたくさんのレパートリーがあるほうがいいですね。
いくら言っても、つねに伝え足りないのだから、新たな表現も必要かもしれません。
「すべて」という表現を英語では the world を使って言い表すことができます。

今日の
語句 **sweetie**〔名詞〕かわいこちゃん

FEBRUARY

✳ BODY *✳*

英語で体を表現

2月

子どもの目には、この世のすべてが新しく、はじめて見るものばかりです。
もぞもぞ動く指、ぐうぐう鳴るおなか、知らないうちに赤くなるほっぺ!
今月は、子どもの体をケアしてあげるときなどに
自然に使える表現を用意してみました。
これらのフレーズを使うことで、
体の各部位の名前を自然と覚えていけるでしょう。

2月の音声

右記を読み取ると
日付が選択できます

I can see you!

ママ・パパ、見つけた!

Peek-a-boo!

いないないばあ!

目の前に見えていなくても、
いなくなったわけではない、とわかりはじめるころ、
子どもがいちばん喜ぶ遊びのひとつです。
子どもの目の前で、顔を隠し、いないないばあをしてあげるとき、
ママやパパを見つけてキャッキャッと笑う子どもに、
'I see you (いたあ)!'と言うこともできます。

今日の語句 **peek** 〔動詞〕のぞき見る

My fingernails aren't sharp now.

もう、つめはとがってないね

Let's cut your fingernails.

つめきりしようね

子どもの皮膚はとてもやわらかいのですが、逆にとても鋭いのが、つめです。
そのため、しょっちゅう切ってあげなければいけません。
ところが、つめきりが大嫌いな子もいます。
手のつめを切ってあげる前に、できるだけやさしい、
かわいらしい声で 'Let's cut your fingernails.' と言ってあげてください。

今日の
語句　**fingernail** 〔名詞〕手のつめ

**I'm pointing at
that bird!**
あの鳥を指さしてるの!

What are you pointing at?

何を指さしてるの?

子どもは気になるものがあると、人さし指で、あれこれ指さしをはじめます。
ひとつひとつ観察して、調べ、探求したい気持ちがあるのでしょう。
子どもが何かを指さしているとき、このフレーズを使って、
何を指さしているのか尋ねてみてください。
pointは点という意味ですが、「指さす」という意味もあります。

今日の語句	**point** 〔動詞〕指す

**I'll never break
our promise!**

ぜったいに
約束守るからね!

Make a pinky promise
with me!

ママと指切りげんまんしよう!

英語で小指のことを pinky と言います。小指と小指で指切りする約束を
英語では pinky promise と言います。子どもの小さな指に、
ママ・パパの指をからませながら、約束がどういうものなのか説明してあげましょう。
「ごはんを全部食べたら、好きなクッキーをひとつあげるからね。
ママと約束しようね!」

 今日の
語句　**promise** 〔名詞〕約束

Like this!
こんなふう!

Can you make the same face that your daddy's making?

パパの顔、まねできるかな?

子どもたちは、ママ、パパの表情を観察して学び、
そっくりまねようとします。
新しい表情を覚えていく子どもと一緒に、表情のまねっこ遊びをしてみましょう。
make a faceは「表情を浮かべる」という意味です。おもしろい表情は
make a funny face、悲しい表情は、make a sad faceですね。
それぞれの感情に合わせて、言い回しを応用してみましょう!

> **今日の語句** **face**〔名詞〕顔、表情

Aah!
あー!

Say, "Aah"!

「あー」って言ってごらん!

毎日寝る前に歯みがきするときや、
おいしいものを口の中にさっと入れてあげるとき、
歯医者さんで口を大きく開けるように言うとき、
いずれの場合にも便利に使えるシンプルな表現です。
日本語の言い方と同じです。ただ 'Say, "Aah"!' と言ってみてください!

今日の語句 **say** 〔動詞〕〜と言う

My front teeth are coming in.
前歯が生えてきてる

Are your teeth coming in?

歯が生えてきてるの？

歯が生える、と英語で言うとき、
難しい動詞を使わないといけないような気がしますが、
簡単に、come in と言い表します。
子どもの口に小さな歯がやってくる様子を思い浮かべると、
覚えやすいかもしれませんね。
白くて健康な歯が生えてきますように!

 今日の語句　**come in**〔句動詞〕生える

My teeth hurt.
歯が痛いよ

Are you cutting teeth?

歯が生えてきているの?

新しい歯が生えてくるとき、子どもはとてもつらがります。熱が出ることもあります。
眠れないことも、激しく泣いたりすることもあります。
歯が皮膚を突き破って出てくるのですからとても痛いはずです。
そんな様子を表して、英語では cut の動詞を用いて言い表すこともあります。
歯ぐずりを和らげてくれる歯固めが必要ですね!

今日の語句	**tooth** (単数) / **teeth** (複数) 〔名詞〕歯

My tooth is getting loose.
歯がぐらぐらしてきた

Is your tooth getting loose?

歯がぐらぐらしてきたの?

歯がぐらぐらするときは、どんな動詞を使って言うと思いますか?
「ぐらぐら揺れる」なので shake を思い浮かべがちですが、
この場合は get loose (ゆるむ) を用います。
実際に、歯の根っこがある歯茎がゆるんで歯がぐらぐらするので、
その様子を想像すれば、簡単に覚えられますね。

 今日の
語句　**loose**〔形容詞〕ぐらぐらした、ぐらぐらの

**Yes.
You can hear it?**
うん。聞こえる?

Is your tummy growling?

おなかが鳴ってるの?

子どものおなかが鳴っているようです。
おなかがすいているのでしょうか?
それとも何か悪いものを食べて、おなかが鳴っているんでしょうか?
おもしろいことに、このような場合は growling と言います。
growling はぐうぐう鳴るという意味ですが、
まるでおなかがぐうぐうと鳴っているようだからと、生まれた表現です。

 growl 〔動詞〕ぐうぐう鳴る

I feel much better now.
さっきよりずっと気持ちいいね

Let's wipe your butt clean!

おしりきれいにしようね!

子どものおしりをきれいに拭いてあげるときや、
子どもが用を足したときに使える表現です。
おしりを表す英単語はとてもたくさんの種類があります。
さまざまな意味を含むそれらの単語の中で、
buttはもっとも純粋な意味の単語です。

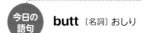 今日の語句　**butt**〔名詞〕おしり

That feels so good!
すごく気持ちいいね!

How about I give you a massage?

マッサージしてあげようか?

お風呂に入れたあと、マッサージしてあげると、子どもはとても喜びます。
子ども用のオイルなどを両手にぬって、
子どもの体全体をまんべんなくマッサージしてあげます。
血行にもいいですが、子どもを落ち着かせるのに効果てきめんです。
マッサージをしてあげることはgiveという動詞を使って言い表すことができます。
プレゼントをあげる (give) ように、
子どもにマッサージをしてあげる (give) というわけです。

今日の語句 **give a massage** 〔動詞+名詞〕マッサージをしてあげる

Now I can sleep better.
これでよく眠れそう

Here's your pacifier.

はい、おしゃぶりだよ

成長するにつれ、子どもの意思が明確になってきて、気になること、
ほしいものも、だんだんと多くなりますね。
子どもがほしがるものをあげるとき、'Here is your 〜 (物).'と言うことができます。
子どもがおもちゃやおやつをほしがるときは、この表現を使うと便利ですね。

今日の
語句　**pacifier** 〔名詞〕おしゃぶり

**Watch me
stretch my arms!**

腕を伸ばすところを見て!

It's time to stretch!

体を伸ばそうか!

起床、食事、お昼寝、遊ぶ時間やお散歩の時間など、生活リズムが規則正しいほど、
次に何が起こるか予測できるので、子どもの気持ちも安定します。
日本語の「〜する時間だよ」という表現と同じように、
英語では 'It's time to 〜（行動）.' というように表します。
子どもに今何をする時間なのか、その都度教えてあげれば、
一日の日課もたちまち覚えそうですね。

今日の語句 stretch 〔動詞〕伸ばす

I feel so sleepy all of a sudden.

急に眠たくなっちゃった

What a big yawn!

なんて大きなあくび!

子どもの行動について、どれだけすごいか、どれだけ驚いたかを表すのに、
'What a 〜 (行動 / 驚いたこと).' という表現を使います。
子育てしていると、驚かされることがとにかく多いので、この表現はとても重宝します。
かならずしもポジティブな状況だけに使う必要はありません。
大きなストレスを感じたときに
'What a terrible day (なんて日だろう)!' と言うこともできます。

 今日の
語句　**yawn** 〔名詞〕あくび

**Ouch!
That hurts!**
あっ！　痛いよ!

Let me brush your hair.

髪の毛、とかしてあげるね

ただ髪をとかしてあげればいいだけなのに、英語では、
許可を求める Let me 〜という表現を用います。
子育てでは子どもがいやがることもやらなくてはいけない、という状況がありますね。
そのとき、子どもにその行動をしてもいいかと、ある程度、許可を求めることが大事です。
そうした配慮を子どもにたびたび見せてあげることで、のちに、
子どももほかの人に配慮して行動することができるようになっていきます。

今日の
語句　**brush**〔動詞〕（髪や毛を）とかす

When can I get a haircut?
いつ髪を切りに行ける?

Your hair is getting so long!

髪の毛が伸びたね!

子どもは、思っているよりもずっと早く成長し、変化します。
足も髪の毛も腕も、たちまち長くなりますね。
伸びたことについて表現するときはgettingを用いるのがポイントで、
'You're getting so 〜(形容詞).'、
あるいは'Your 〜(体の部位) is getting so 〜(形容詞).'のように言うことができます。
よその子どもの変化を目の当たりにしたとき、
この表現を使えば、親もとても喜ぶはずですよ!

 hair 〔名詞〕髪の毛

You need to wash your hands too, Mommy・Daddy.

ママ・パパも手を洗わなくちゃダメだよ

Time to wash your hands!

手を洗う時間だよ!

食事の前後、そして遊んで帰ってきたときには、手をきれいに洗わないといけませんね。
そんなに汚れていなくても、食事の前に一緒に手を洗えば、いい習慣が身につきます。
注意してほしい点は、英語で体の部位について話すときは、
所有形容詞 (my/your/his/her/their/our) をかならず用いるということです。
日本語と違って、英語は所有形容詞にとても敏感なので、
その点をしっかり覚えておいて、使ってみてくださいね。

今日の語句 **wash** 〔動詞〕洗う

I fell down on the playground.
公園で転んじゃったの

You got a bruise.

あざができてるね

子どもの行動範囲が広がると、ケガもしやすくなります。
気にかけていることを子どもに伝えることは、
子どもの感性の発達にとても重要なので、
かならず「あらら、傷ができちゃったね」などと声をかけてあげるといいですね。
このような状況には、'You got a 〜 (傷).'という言い回しが便利です。
'You got a cut (切り傷ができてるね).'、
'You got a bloody nose (鼻血が出たね).'など、いろいろと替えて使うことができます。

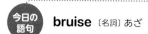

| 今日の語句 | bruise 〔名詞〕あざ |

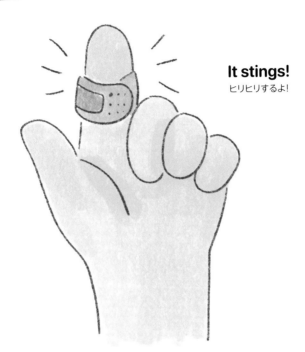

It stings!
ヒリヒリするよ!

Let's put a Band-Aid on your boo-boo.

ケガにばんそうこうを貼ろうね

傷を治してあげたいとき、「ばんそうこうを貼ろうね」と言います。
「ばんそうこう」のことを英語では Band-Aid とよく言いますね。もともとは
商品名でしたが、有名になりすぎて、この単語が日常的に使われるようになりました。
ちなみに、子どもに対して使うとき、傷は injury ではなく、boo-boo と言います。
injury は、どことなく冷たく恐ろしい感じに聞こえます。
子どもには 'Did you get a boo-boo (いたいいたい、したの)?' と言うといいですよ!

今日の
語句
boo-boo 〔名詞〕いたいいたい (ちょっとした傷を表す幼児語)

61

Will I get better faster if I take a nap?
お昼寝したら、もっと早く治るかな?

You'll get better in no time.

すぐによくなるからね

子どもがケガをしたり具合が悪かったりすると、親もとてもつらいですよね。
それでも、できるだけ前向きに、子どもにいいエネルギーを与えるようにしています。
このようなときは、子どもに get better (よくなる) という表現を使うといいです。
ここでの in no time は、すぐに、という意味になります。

今日の
語句

better 〔比較級の形容詞〕よりよい、体調・気分などがよくなった

**Look at
all my teeth!**
わたしの歯、見て!

Let's brush your teeth.

歯みがきしようね

子どもがこわがることのひとつが、歯みがきですよね。
歯をみがくときに「これは楽しいんだよ。こわくないんだよ」と教えてあげながら、
安心させ、信頼してもらわなければなりません。
子どもを抱っこして、できるだけやさしい声で
'Let's brush your teeth.'と言ってみましょう!
親子で楽しい歯みがきの思い出をたくさんつくってみてください。

今日の
語句　**let's** 〜　〔表現〕〜しよう

Here's my baby fat.
ぷくぷくのお肉、ここにあるよ

Where did your baby fat go?

赤ちゃんのときのぷくぷくのお肉はどこ行ったかな?

生まれて少し経つと、まるまる太って、
かわいらしい「ぷくぷくのお肉」がたくさんつく子もいますね。英語ではbaby fatと言います。
子どもが成長するにつれて、このbaby fatは消えていきますが、
それを残念がる親もいます。
遠くの親戚や友達が久しぶりに子どもに会ったとき、
驚いたような声で 'Where did your baby fat go?' と聞いたりできます。

 今日の語句　**fat**〔名詞〕脂肪

Here they are!
ここにあるよ!

Show me your hands.

おてて、見せて

成長していくと、だんだん自己認識ができるようになってきます。
その時期に、体の部位に関係する表現を一緒に練習すれば、
発達にもよい影響を与えてくれそうですね。
「手を見せて」「歯を見せて」「お膝を見せて」と言いたいとき、
'Show me your 〜（体の部位）.'と言うことができます。
もう少し大きくなれば、おもちゃなどについても
'Show me your 〜（物）.'と言うことができますね。

今日の
語句　**show**〔動詞〕見せる

A little bit.
ちょっとね

Are your hands cold?

手が冷たいの？

子どもは体が小さいので温度に敏感です。大人は寒さを感じなくても、
子どもには十分寒いことがあるので、頻繁に確認してあげましょう。
子どもに 'Are your 〜（体の部位）cold?' と尋ねるときは、体の部位によって、
複数形になったり単数形になったりするので、are と is をきちんと使い分けてください。
たとえば、鼻はひとつなので 'Are your nose cold?' ではなく、
かならず 'Is your nose cold?' となります。

今日の語句	cold〔形容詞〕冷たい

Yes!
And I'll do it again!
うん！ またやるよ!

Did you stick your tongue out at me?!

さっき、あかんべえしたの?

成長するにつれて、子どもの表情がどんどん豊かになっていきます。
表情で意思を表したり、わざとおふざけしたりもしますね。
なかでも代表的な表情が、この舌をぐっと出す「べーっ」です。
子どもがあかんべえをしてふざけてくると、
あまりにかわいいので、そのまままねしてしまいます。
「〜に向けてあかんべえをする」は、英語で 'stick out one's tongue out at 〜 .' と言います。

今日の
語句　**tongue** 〔名詞〕舌

**I haven't
pooped all day.**
今日は一度もうんちしてない

Did you poop?

うんちしたの?

突然、便のにおいがすると、子どもがうんちをしたのか、
それともおならをしただけなのか、わかりにくいことがときどきあります。
さりげなく「うんちしたの?」と聞いてみましょう。
日本で大便のことを「うんち」とかわいく表現するように、
英語圏でも同じようにかわいらしい単語を使います。
科学的なニュアンスの defecate (排便する) という単語のかわりに、
poop (うんちをする) と言います。

今日の
語句　**poop**〔動詞〕うんちをする

Yes. I need some tissue.
うん。ティッシュがほしいの

Do you have boogers in your nose?

鼻くそがあるの?

自己認識できるようになっていくと、子どもは自分の体にも新しい発見をします。
自分の鼻に気がついたときは、鼻くそも発見することでしょう。
鼻くそは英語でboogerと言い、いくつもあるときはboogersと言います。
子どもがboogersを取ろうと悪戦苦闘していたら、英語で鼻くそについて聞きながら
コミュニケーションを取れば、鼻くそも大いに役立ちますね。

今日の 語句	**booger** 〔名詞〕鼻くそ

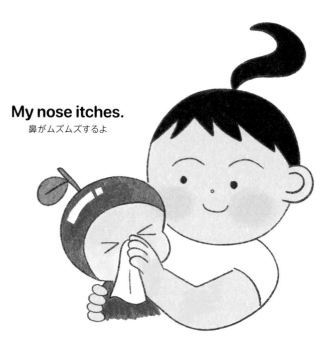

My nose itches.
鼻がムズムズするよ

Blow your nose!

お鼻をフンッてしてごらん!

子どもの鼻の中に鼻くそ (boogers) がたくさんあると、
子どもは指でほじくり出そうとします。
最初はそのしぐさもかわいらしいのですが、もう少しよいマナーを身につけさせましょう。
鼻をほじるかわりに、鼻をかむことを教えるのです。
子どもに「フンッ」としてごらんと言うと、鼻息を吹き出しますね。
それで英語では 'blow your nose.' と言うのです。
鼻をかませるときも、同じ表現を使うことができます。

今日の語句 **nose**〔名詞〕鼻

MARCH

FIVE SENSES

五感で世界を学ぶ

3月

子どもはまるで新しい惑星に到着した探検家。
五感を総動員して、この世界を探求して学んでいくのです。
今月はこの小さな探検家が、はじめて口にする食べ物、はじめて触るものなど、
五感を刺激される瞬間に使える表現を集めてみました。
わが家の小さな探検家の一日が、子どもとの日々が、
さらに楽しく特別なものになることでしょう。

3月の音声

右記を読み取ると
日付が選択できます

Is that food?

食べものかな？

What's that sweet smell?

この甘いにおいは何かな？

子どもと一緒に世の中を探るとき、体のさまざまな感覚を使うことができます。
なかでも嗅覚は、目には見えないにおいで、
いろいろな世界を探求する楽しい手段のひとつです。
'What's that smell?' という表現を使い、新しい香りやにおいを知ることで、
脳の発達にも大いに役立ちそうですね。

 smell〔名詞〕におい

It wasn't me!
わたしじゃないよ!

Did somebody fart?

誰かおならした?

子どものおならは、体にとってよいサインです。
食べたものがちゃんと消化されている、という意味だからです。
子どもはこちらが思っているより、ママ、パパの気持ちを読み取っているので、
うんちやおならのにおいにネガティブな反応をされると、
深く傷つくこともあるといいます。どんなににおいがきつくても、
ポジティブにいたずらっぽく'Did somebody fart?'と言ってふれ合ってみましょう。

 今日の語句　**fart**〔動詞〕おならをする　〔名詞〕おなら

They're really soft!
すごくやわらかいよ!

Are your new pajamas soft?

新しいパジャマはやわらかい?

寝る前、やわらかくてあたたかい寝巻に着替えさせるとき、
使うのにぴったりの表現です。
子どもはやわらかな触り心地が大好きなので、
softという単語はたびたび使うことになります。
服がやわらかいかどうか、子どもが確認できるように、'Is/Are your 〜 (物) soft?' と
質問しながら、楽しくふれ合ってみてください。

 今日の語句 **pajamas** 〔名詞〕パジャマ

Yes! It's super cozy!
うん! とっても気持ちいい!

Is your new blanket cozy?

新しい毛布は心地いい?

肌寒い夜、ふわふわの布団にくるまって、ぬくぬくしたベッドに入ることほど、
気持ちいいものはありませんね。子どもも同じです。
子どもの寝床が居心地いいか確認するときは、
cozy (居心地がいい) という形容詞を使ってみてください。
blanket (毛布)、sweater (セーター)、pajamas (パジャマ) などの単語を使って、
いろいろな文章に応用することができますよ。

今日の
語句　**blanket** 〔名詞〕毛布

**The ball is
really hard.**
このボールはすごく硬いよ

Squeeze this ball!

このボールをぎゅっと握ってごらん!

感触遊びは、子どもの脳の発達を大きく促してくれる活動のひとつです。
一般的に、子どもがまっさきにはじめる感触遊びは、物を握ることです。
物を握ってみて、と言うとき、squeeze（握りしめる）の動詞を用いて会話すれば、
感触遊びをさらに楽しめそうですね!

 squeeze 〔動詞〕握りしめる

**His head feels
really fuzzy!**
くまさんの頭は
すごくもこもこだね!

Feel your teddy bear's head!

くまさんの頭を触ってごらん!

感触遊びで、子どもの世界を探求するときに、
いちばん使える動詞が feel です。
おそらく多くの人は、touch とどう違うのか気になるのではないでしょうか。
feel には、単純にさわるというよりは、
さわり心地をよりこまやかに感じて、分析するという意味が含まれています。

今日の
語句　**teddy bear** 〔名詞〕くまのぬいぐるみ

Ouch!
いたた!

Did you hurt your head?

頭、ケガしちゃったの?

まわりの世界が気になりはじめると、子どもはあちこち歩き回るようになりますね。
おのずと転んだりすることも多くなります。
頭を地面にぶつけてしまって泣きはじめたら、転んだ子どもをなだめながら、
できるだけやさしい声で、'Did you hurt your head?' と言ってみてください。
hurtは、自分で誤ってケガをしてしまったときに使う単語です。

| 今日の語句 | head〔名詞〕頭 |

I'm shaking my toy!
おもちゃ、振ってるよ!

Shake it!

振ってごらん!

1歳の誕生日を迎えるころまでは、子どもの動きはつたないですが、
おもちゃを上手に振り回すことができます。
このとき、振ると音が鳴るガラガラを使って、楽しく遊ぶことができますよ。
振って遊ぶときは、shakeという単語を使ってみてください。
bottle (びん)、toy (おもちゃ)、hat (帽子) などを用いて、
'Shake your bottle.'、'Shake your toy.'、'Shake your hat.' などと応用が可能です。

> 今日の
> 語句　**shake**〔動詞〕振る

The banana is very soft!
バナナがとてもやわらかいね!

Mommy has a really tasty banana for you!

ママがあなたにおいしいバナナを用意したよ!

おいしいおやつを出す前に、子どもに、
'Mommy/Daddy has a really tasty ～（おやつ）for you.'という表現を使って、
どんなおやつを食べるのか、楽しくお話をしてあげてみてください。
少し経つと、おやつを見せなくても、
このフレーズを聞くだけで喜んでくれるようになるはずです。

 今日の語句 tasty〔形容詞〕おいしい

**It's very easy
to chew.**

すごく噛みやすいよ

How is it?

味はどう？

離乳食がスタートすると、はじめて食べる味を口にするたび、
子どもは楽しそうに、そして不思議そうに反応します。
子どもの反応を見る親にとっても、楽しい時間ですね。
シンプルな表現で子どもとふれ合いながら、
子どもが新しい食べ物を味わう貴重な瞬間を
より積極的に楽しんでみてくださいね。

 今日の語句 　**how**〔副詞〕どんな、どうやって

I like it cold.
冷たいのがいいの

Do you want me to heat it up a little bit?

ちょっとあたためてあげようか?

食べ物の温度に敏感な子どももいます。
とくに肌寒いような日には、食べ物を温めてあげる機会が増えます。
温まるまでの時間が待てなくて、子どもがぐずることもありますね。
そんなときは、なぜ時間がかかるのか、「温める」という表現 heat up を使って、
説明してあげるといいでしょう。

今日の
語句　**heat up**〔句動詞〕あたためる

Ouch! I burned my tongue!

あちち！ 舌をやけどしちゃった！

Be careful, it's hot.

熱いから、気をつけてね

親は、子どもの安全のために気を配るべきことがたくさんあります。
食べ物が熱いときは、とくに注意が必要ですね。
子どもが誤って熱い食べ物を手で触ったり、食べようとしたりして、
やけどすることもあるからです。
熱い食べ物に注意してほしいときは、
be careful という言い方を日常的に使ってみてくださいね。

今日の語句 **careful** 〔形容詞〕気をつける、注意深い

**What does it
sound like?**

どんな音?

Do you hear that?

聞こえる?

子どもと一緒に静かにじっとしていると、子どもの耳がどんなにいいかがわかります。
ごく小さな音まではっきり聞こえるのか、つねに耳を一生懸命に使って、
きょろきょろ見回しています。
一緒に座って、周囲の音を聞く遊びは、とても楽しいですよ。
鳥の声、列車の音、通り過ぎる足音といった音が聞こえるたびに、
'Do you hear that?'と言ってみてください。

今日の語句　**hear**〔動詞〕聞く

How about some country music?

カントリーミュージックはどうかな?

What do you want to listen to?

何(の音楽)が聴きたい?

子どもがむずかったり、大泣きしている状況で、
音楽をかけると簡単に泣きやませることも。
子どもに音楽の世界を教えてあげるときは、
'What do you want to listen to?'という表現から使ってみましょう。
'How about some ～ (ジャンル) music (このジャンルの音楽はどう)?'と言いながら、
さらに幅広い音楽の世界を一緒に楽しむことができます。

 今日の 語句 **listen** 〔動詞〕聴く、聞く

**Can I wear red
today?**

赤い服を着てもいい?

What color do you want to wear today?

今日は何色（の服）を着ようか?

子どもの着替えには、なかなか手こずりますよね。
逃げ出したり、かんしゃくを起こしたり……。
そんなとき、服の色について話しながら着せると、うまくいきます。
とびきりかわいらしい声を出して、
'What color do you want to wear today?' と質問してみましょう。
楽しく会話しているうちに、子どもが興味を示してくる可能性も大ですよ。

今日の
語句　**wear**〔動詞〕着る

The yellow butterfly is so cute!

あの黄色いちょうちょ、とてもかわいいね!

Do you see the yellow butterfly?

黄色いちょうちょ、見える?

家の外で、子どもと一緒にさまざまな色を探しながら遊ぶことができます。
車の色、服の色、空の色、飛び回る姿が不思議な鳥やちょうちょの色も、
楽しく観察できますね。
'Do you see the 〜 (色 / 物)?'と質問して、子どもの反応を見てください。
色を区別しはじめ、いつかいちばん好きな色も、
英語で答えることができるようになるでしょう。

今日の
語句 **butterfly** 〔名詞〕ちょうちょ

I love big hugs!
ぎゅって抱きしめられるの、大好き!

How about a big hug?

ぎゅって抱きしめてあげようか?

ママ・パパのあたたかいハグは、子どもにとって、
何よりも愛情を感じられる感触ではないでしょうか。
抱きしめてあげる前に、
'How about a big hug?' と聞いてみてください。
いつか、子どもがこの言葉をまねしはじめたら、心がとびきりあたたかくなって、
とろけてしまうかもしれませんよ。

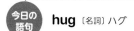 hug 〔名詞〕ハグ

**Yes. I need
a new diaper.**
うん。新しいおむつがいるよ

Is your diaper wet?

おむつがぬれてるの?

子どもは一日に10回以上、おむつがぬれるのを感じます。
おむつがぬれているかどうか確かめるたびに、触るだけでなく、
'Is your diaper wet?'と尋ねてみましょう。
やがてこの言葉を理解するようになって、
いつか答えてくれるようにもなるでしょう。

今日の
語句 **diaper** 〔名詞〕おむつ

Is my grandpa here?

おじいちゃんが来たの？

The doorbell just rang! Is someone here?

チャイムが鳴ったね！　誰か来たのかな？

お客さんがよく遊びに来ると、子どもはチャイムの音が何を意味するのか、
わかるようになります。
とくに、たっぷり愛情を注いでくれる祖父母が訪ねてくれば、
チャイムが鳴るたびに喜びそうですね。
チャイムが鳴るたび、'The doorbell just rang! Is someone here?'と質問してみましょう。
子どもは、熱心にチャイムの音に耳を傾け、誰が訪ねてきたのか、
じっくり考えるようになるでしょう。

今日の
語句

doorbell〔名詞〕玄関チャイム

Orange juice is sweet too.
オレンジジュースも甘いよ

Oranges are sweet!

オレンジは甘いね!

甘くておいしい果物をもぐもぐと食べる子どもの口元は、とてもかわいらしいですね。
世の中のさまざまな食べ物をひとつずつ味わうごとに、
子どもはまったく新しい世界と出会っているのです。
子どもが新しい味の世界に踏み入るときは、
その味に関係のある表現を使ってみましょう。
オレンジだけでなく、甘いほかの果物を食べるときにも、
応用して言うことができます。

今日の語句	**sweet** 〔形容詞〕甘い

Can I have some more pears?

梨、もうちょっと食べてもいい?

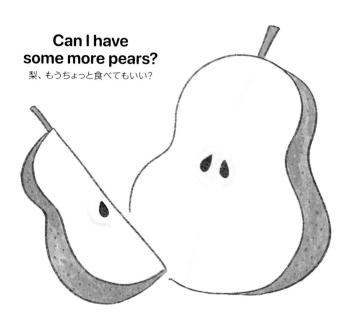

Pears are crunchy.

梨はしゃきしゃきしてるよ

子どもは梨やリンゴなどの果物をしゃきしゃきとかわいい音を立てながら食べますね。
そんなときに、crunchyという言い方ができます。
やわらかいものから食べはじめた子どもは、少し大きくなると、
もうちょっと硬いものを食べるようになり、
次第に食べ物の好みも変わっていきます。

| 今日の語句 | **pear** 〔名詞〕梨 |

I don't like salty food.

しょっぱい食べ物は
好きじゃない

Crackers are salty.

クラッカーはしょっぱいね

子どもには塩気が強いものをあげすぎないよう、気をつけています。
お菓子を食べはじめて、もう少しいろいろなおやつの味を知るようになるころ、
うっすらと塩味のきいたものも、食べさせてみることができますね。
塩味のきいた食べ物は salty と表現できます。

 今日の語句　**cracker** 〔名詞〕クラッカー

I don't like lemons.
レモンはきらい

Lemons are sour!

レモンは酸っぱいよ!

はじめて酸っぱいものを食べるとき、子どもは愛くるしい表情を見せてくれますね。
レモンやライムなどがそうですね。
そんな酸っぱい果物を食べる瞬間は、子どもにとっても、
強く印象に残るのかもしれません。
そんなとき、**sour**という表現を教えてあげれば、その言葉もきっと忘れないでしょう。

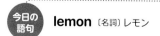

今日の
語句 ｜ **lemon**〔名詞〕レモン

It's so cold!
とっても寒いよ!

The wind is cold.

風が冷たいね

肌寒い天気の日、一緒に外出しないといけないときは、
子どもにあたたかい格好をさせなければなりませんね。
でも、ときどき、どんなに着込ませても、冷たい風のせいで、
子どもの顔が冷えてしまうこともあります。
子どもに「風が冷たいね」と言うとき、
'The wind is cold.' と表現することができます。

今日の
語句　**wind** 〔名詞〕風

**This beanie is
too big for me.**
この帽子、
わたしには大きすぎるね

A beanie will keep your head warm.

帽子をかぶれば、頭があたたかいよ

冷えるとき、いちばん大事なのは、あたたかさを維持してあげることです。
そこで、すぐに冷えてしまう子どもの頭に、帽子をかぶせてあげます。
このとき keep your 〜（体の部位）warmという表現を使ってみてください。
keepを使うと、「維持する」という意味をより生かすことができます。

**今日の
語句**　**beanie**〔名詞〕頭にぴったりフィットする、つばなしの帽子

**Stop
tickling me!**
くすぐるのやめて!

Are your feet ticklish?

足がくすぐったがりなの?

こちょこちょと手を動かすだけでも、しばらく大笑いしている子もいます。
子どもの足の裏をくすぐる直前に、
'Are your feet ticklish?' と聞いてみてください。
子どもがくすぐったがれば、一緒に大笑いしながら、
楽しい時間を過ごすことができますよ。

今日の
語句　**foot** (単数)／**feet** (複数)〔名詞〕(くるぶしから下の) 足

**Please scratch
my ear.**
お耳、かいてください

Do your ears itch?

耳がかゆいの?

やわらかくてきれいに見える子どもの肌も、問題が生じるとかゆくなることがあります。
子どもが体のどこかをかゆがったら、
'Do/Does your 〜(体の部位)itch?' と聞いてみましょう。
かゆみを和らげるために「かく」、すなわち scratch という動詞を使います。
とくに子どもは、耳に問題が起こることが多いですね。
しょっちゅう耳をかこうとしていたら、この表現を使って確認することができます。

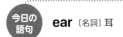

今日の
語句　**ear**〔名詞〕耳

**Ice helps
my sore gums.**
氷は歯ぐきの痛みに効くよ

Ice is very hard.

氷はとっても硬い

歯が痛くて泣いている子どもに冷たい氷をあげると、喜ぶことがあります。
氷の冷たさが歯ぐきの痛みを落ち着かせてくれるようです。
氷を触りながら不思議そうにする子どもと、
氷の感触について会話してみましょう。
冷たくてつるつるして、手にくっつくこともある、
氷の感触を一緒に感じてみてください。

 **今日の
語句** **hard** 〔形容詞〕硬い、カチカチの

Can I eat it now?
もう食べてもいい?

I'll let your food cool down.

ごはん、冷ましてあげるね

できたてのごはんはおいしいですが、子どもが食べるには熱すぎることがありますね。
熱い食べ物を冷ますとき、子どもに 'I'll let your food cool down.'
と言ってみてください。
いつかこの言葉を理解して、ちょうどよく冷めるまで、
がまん強く待ってくれるようになるはずです。

 food 〔名詞〕食べ物

Can I have more cookies?
もっとクッキー食べていい?

This cookie is round.

このクッキー、まるいね

子どもはおいしいおやつを食べるとき、その味だけでなく、
形も熱心に観察するといいます。
動物の形、星形、人形、まんまるい形のクッキーは、子どもの好奇心を刺激します。
食べ物やほかのものの形について話すとき、
まるいという意味のroundのような単語を使ってみてくださいね。

 **round** 〔形容詞〕まるい

It's very tiny.
すごくちっちゃいね!

This snack is so tiny.

このお菓子、ほんとに小さいね

ものすごく視力のいい子どももいて、大人の目にはほとんど見えないものまで、
ちゃんと見えたりするそうです。
ごく小さいものについて話すときは、形容詞の tiny を使います。
small より、さらに小ぶりな感じを表します。

 今日の
語句　**tiny**〔形容詞〕とても小さい

APRIL

✳ FEELINGS ✳

気持ちを表現する

4月

子どもは、成長とともにいろいろな気持ちを感じるようになります。
今月のフレーズに共通する must be は相手の気持ちを思いやり、
共感するときに使う大事な表現です。
子どもが感じるいろいろな気持ちを、英語ではどう表すのか、
見ていきましょう。

4月の音声

右記を読み取ると
日付が選択できます

I'm very sulky!
すねちゃったよ!

You must be sulky.

すねちゃったんでしょう

子どもはうまく気持ちが表現できないと、すぐにすねてしまいます。
危ないからと階段で遊ぶのをやめさせようとすると、へそを曲げたりしますね。
こんなふうにすねることをsulkyと言います。

今日の
語句　**sulky** 〔形容詞〕すねた

I'm very crabby.
すごくイライラしてる

You must be crabby.

ご機嫌ななめだね

子どもは疲れると機嫌が悪くてぐずったりしますね。
この状況を英語では crabby と言います。
寝起きの悪い子にぴったりの表現ですね。
ぐっすり眠って起きたらすぐにご機嫌だといいですよね。
crab (カニ) とよく似た表現ですが、カニとはまったく関係ありませんよ。

今日の 語句	**crabby** 〔形容詞〕不機嫌な

**I'm
very cheerful.**
すごくうれしい

You must be cheerful.

うれしそうだね

子どもが喜ぶとママやパパもうれしくなりますよね。
悩みごともスーッと消えてしまうでしょう。
子どものうれしそうな顔を見たら cheerful という表現を使ってみましょう。
はじける笑顔を見せてくれるかもしれませんよ。

今日の
語句　**cheerful**〔形容詞〕うれしい、元気な

I'm very happy.
すごくしあわせだよ

You must be happy.

しあわせなんだね

ぐっすり眠ったりおなかがいっぱいになったりすると、子どもは気分がよくなります。
ときには理由もなく気分がいいこともあるでしょうね。
子どもがしあわせそうだとママやパパも、ほかの家族もみんなしあわせになります。
子どもにしあわせそうな声で 'You must be happy.' と言ってみましょう。
そして子どもと一緒に歌を歌ったり楽しく遊んだりしてください。

今日の
語句　**happy** 〔形容詞〕しあわせな

I'm very proud of myself.
すっごく満足

You must be proud of yourself.
満足そうだね

子どもが満ち足りているのは、目を見ただけでわかりますね。
この「満ち足りた」気持ちを be proud of oneselfと言います。
proudは「誇らしい」という意味ですが、of oneselfをプラスすると
やりとげたことで「満ち足りている」という意味になります。

今日の
語句　**proud**〔形容詞〕満足している

I'm
very worn out.
くたくただよ

You must be worn out.

とっても疲れたんでしょう

一日中、一生懸命食べて遊んだら、夕方にはとても疲れてしまいます。
長い時間お出かけして帰ってきたら、
とても疲れて気を失ったみたいに眠ってしまいますよね。
これを英語で worn out と言います。
楽しく遊んだあと、疲れて眠った子どもを見ながら
'You must be worn out.' と言ってみましょう。

 今日の
語句　**worn out** 〔形容詞〕疲れ果てた

**I'm getting
very sleepy.**
とても眠いよ

You must be getting sleepy.

おねむなんでしょう

眠そうな目をした子どもの姿はとても愛らしいですね。
動きがだんだんゆっくりになって目を閉じだしたら、急いで寝かせる準備をします。
眠気を感じることを getting sleepy（眠い）と言います。
まぶたが重くなってうとうとしてきたら、
ぎゅっと抱きしめてこのフレーズを耳元でささやきましょう。

今日の
語句
sleepy 〔形容詞〕眠い

I'm very lonely.
とってもさびしい

You must be lonely.

さびしいんだね

人の顔が少しずつ区別できるようになって、友達という感覚がめばえはじめると、
友達に会いたくてさびしくなるかもしれません。
ママ・パパやペットがそばにいてもさびしそうな顔をするかもしれませんね。
そんなときは 'You must be lonely.' と言いながら、
さびしさをが和らぐようにやさしく抱きしめてあげてはどうでしょう?

 lonely〔形容詞〕さびしい

111

I'm
very scared.
とてもこわいよ

You must be scared.

こわいんだね

子どもは低い声や変わった音を聞くとこわがって泣いてしまいます。
そんなときは 'You must be scared.'
と言いながら抱きしめてあげましょう。

今日の
語句　**scared**〔形容詞〕こわがる、おびえた

I'm very hungry.
おなかぺこぺこだよ

You must be hungry.

おなかがすいてるんでしょう

子どもはだんだん大人の食べ物に興味を持ちはじめます。
そうなると子どもの前でおやつを食べるのもひと苦労ですよね。
そんなときは 'You must be hungry.' と言って
子どもが食べられるお菓子をあげましょう。

今日の語句　**hungry**〔形容詞〕空腹な

I'm very thirsty.
のどがカラカラだよ

You must be thirsty.

のどがかわいてるんでしょう

お菓子を食べると誰でものどがかわきますよね。子どもも同じです。
でも子どもはのどがかわいたと言葉では言えません。
ママ・パパがいつもチェックしないといけませんよね。
のどがかわいているようなら白湯や麦茶を飲ませながら
このフレーズを使ってみましょう。

 今日の語句 **thirsty** 〔形容詞〕のどがかわいた

I'm very groggy .
フラフラだよ

You must be groggy.

頭がぼんやりするんだね

寝不足だったり寝すぎたりすると、
すっきりしませんよね。ふらふらして疲れた感じがします。
体が重くてだるい感じを英語でgroggyと言います。
寝て起きても気分がよくなさそうでぼんやりしていたら
'You must be groggy.' と言ってみましょう。

今日の
語句 **groggy** 〔形容詞〕ぼんやりした、もうろうとした

I'm very embarrassed.

すごく恥ずかしいよ

You must be embarrassed.

恥ずかしいんでしょう

子どもは成長とともに性格がはっきりしてきますが、
ほかの子よりも恥ずかしがりやの子もいますよね。
ほかの子の前で自慢げに歩こうとして転んでしまったりすると、
顔を真っ赤にして泣いてしまうこともあります。
そんなときは 'You must be embarrassed.' と言って抱きしめてあげましょう。

 今日の
語句　**embarrassed**〔形容詞〕恥ずかしい

I feel very refreshed.
とても気分がいいよ

You must feel refreshed.

気分がいいんだね

ぐっすり寝て起きるとさわやかな気分になります。
お肌もきれいに見えるし目もキラキラしてかわいいですよね。
「気分がいい」ことを表現するとき feel refreshed が使えます。
groggy と真逆の言葉ですね。
このフレーズで熟睡の気持ちよさを子どもと共有してください。

 今日の
語句 **refreshed** 〔形容詞〕気分がいい

I'm very cold.
とても寒いよ

You must be cold.

寒そうだね

子どもと一緒に買い物するのは楽しいですよね。
でも野菜や冷凍食品の前だと、
冷気のせいで子どもが寒がったりします。
寒くても表現できないかもしれませんね。
子どもが寒がっていそうだなと思ったら 'You must be cold.' と言って
すぐにあたたかい服をかけてあげましょう。あたたかいハグでも大丈夫ですよ。

 今日の
語句 **cold** 〔形容詞〕寒い

I'm very hot.
とても暑いよ

You must be hot.

暑そうだね

子どもの体は小さくて、すぐに体温が変わります。
寒がっていると思ったら、すぐに暑がったりしますよね。
夏には子どもの体温を手でチェックしてみるといいですよ。
子どもの小さな背中が汗びっしょりだったら 'You must be hot.' と言って
薄手の服に着替えさせましょう。

今日の
語句　**hot** 〔形容詞〕暑い

I'm very excited.
とっても楽しいな

You must be excited.

楽しいんでしょう

子どもは大好きなおやつを見るだけでご機嫌になりますよね。
笑ったりおやつを食べたそうな口を見せてくれたりします。
楽しそうな子どもの声を聞きながらおやつを用意すると
ママ・パパの気持ちも一緒に楽しくなります。
おやつをあげて 'You must be excited.' と言ってみましょう。

今日の
語句　**excited** 〔形容詞〕楽しい

I'm very jealous.
すごくうらやましいなあ

You must be jealous.

うらやましいんだね

子どもは人が食べているものをほしがります。
ママがひとりでビスケットを食べていたりすると、
うらやましそうなかわいい顔を見せてくれますよね。
その瞬間に 'You must be jealous.' と言ってみましょう。
そして子どもが大好きなお菓子をあげれば、すぐにご機嫌になりますよ!

今日の語句	jealous 〔形容詞〕うらやましい

I'm very curious.
とっても気になる

You must be curious.

気になるんだね

子どもはまわりをよく見ています。
家にいるだけだとすぐに退屈してしまいますよね。
お出かけすると、新しい建物や動物を見つけて好奇心いっぱいの顔を見せてくれます。
好奇心を見せる子どもにこのフレーズを使ってみましょう。
子どもの興味に合わせてお話をすることもできそうですね。

今日の
語句 **curious** 〔形容詞〕知りたがりな

I'm very thrilled.

とっても興奮してるよ

You must be thrilled.

興奮しているんだね

ママやパパが玄関のドアを開けて入ってくると、
子どもは喜んで駆け寄り、抱っこをねだります。
胸がいっぱいで言葉では表現できませんね。
喜んで大声を出す子どもの気持ちは excited（楽しい）よりも強い感情です。
そんなときは thrilled を使うほうがしっくりきますね。
子どもを抱っこして、このフレーズを使ってみましょう。

今日の
語句 | **thrilled** 〔形容詞〕興奮した

It's very yucky.
すごくおいしくない

That must be yucky.

おいしくないんでしょう

病気のときにはおいしくない薬を飲ませることもあります。
子どもの顔を見れば、どれだけおいしくないか飲まなくてもわかりますよね。
おいしくないときは yucky（ウェッとなりそう）という表現を使います。
大人は薬の味の表現に disgusting（気持ち悪い）を使いますが、
子どもには長すぎるので yucky と言います。

 今日の
語句　**yucky**〔形容詞〕おいしくない

I'm very bored.
すごくつまらない

You must be bored.

つまらなそうだね

子どもに新しいおもちゃをあげると5分くらいは楽しそうに遊びます。
そして不思議なことにすぐに飽きてしまいます。
ママやパパは子どもの様子でどんな気持ちかわかりますよね。
ほかのおもちゃを探したり、ママやパパに駆け寄ってぐずったりしますから。
そんなとき 'You must be bored.' を使います。

⚠ boredではなくboringを使って 'You must be boring.' と言うと、
「きみはつまらない人みたいだね」という意味になるので、注意しましょう。

 今日の
語句 **bored** 〔形容詞〕つまらない（と感じている）

I'm very annoyed.

すごくイライラしているよ

You must be annoyed.

イライラしているみたいだね

ふだんニコニコしている子もイライラすることがあります。
そんなときにぴったりの表現が be annoyed です。
イライラの対象について表現するときは annoying を使います。
音がうるさくてイライラするときは
'That sound is annoying（あの音がうるさくてイライラする）.' と言います。

⚠️子どもに 'You're annoying.' と言うと、「きみのせいでイライラする」という意味になってしまうので要注意。

今日の語句 **annoyed** 〔形容詞〕イライラした

I'm very angry.
すごく怒ってるよ

You must be angry.
怒ってるんでしょう

子どもはまわりにあるものすべてがおもしろいおもちゃに見えるようです。
とくにテレビのリモコンをおもちゃだと思ってしまうことがありますが、
取り上げると怒りだしたりしますね。
怒った子どもを悪いと思うのではなく
'You must be angry.' と言って気持ちを認めてあげましょう。
そして、もっとおもしろいおもちゃをあげて、気分転換させてあげましょう。

今日の
語句　**angry** 〔形容詞〕怒った

127

My feelings are very hurt.

とっても傷ついたよ

Your feelings must be hurt.

心が傷ついたんだね

成長につれて子どもの感情も多様で細かくなります。
しあわせとかイライラするといった単純な感情を超えて
残念だという気持ちも感じます。
残念そうな子どもに 'Your feelings must be hurt.' と言ってあげましょう。
感情を思いやろうとするだけでも子どもの気分がよくなるかもしれません。

今日の
語句　**hurt** 〔形容詞〕傷ついた

I miss my friend very much.

友達にすごく会いたいよ

You must miss your friend.

友達に会いたいんだね

子どもの感性や知能が高くなると、自然に社交活動がはじまります。
大好きな友達ができて、ずっと会えないと会いたくなります。
そんなときは 'You must miss your friend.' と言ってあげましょう。

今日の
語句　**miss** 〔動詞〕会いたい、恋しく思う

I'm very
disappointed.
すごくがっかりだよ

You must be disappointed.

がっかりしたんだね

子どもが時間の感覚を理解しはじめると、
夜にママやパパが帰ってくるのを待つようになります。
玄関に人の気配を感じると耳をそばだてていますよね。
玄関のドアを開ける人が待っていたママ、パパではないこともあります。
そんなとき、とてもがっかりしている子どもに
‘You must be disappointed.’ と言ってあげましょう。

 今日の
語句　**disappointed**〔形容詞〕がっかりした

**It really
startled me.**
すごくびっくりしたよ

That must have startled you.

びっくりしたでしょう

突然ドアがバンと閉じたり、掃除機の大きな音が聞こえると、
子どもはおどろくことがあります。おどろきすぎると体が固まることもありますよね。
こんなときは shocked（衝撃を受けた）より
startled（びっくりした）を使うほうがいいでしょう。
shocked はとても強い表現です。
びっくりした子どもを抱きしめれば、気持ちを落ち着かせることができますよ。

今日の
語句 **startle** 〔動詞〕びっくりさせる

I'm
very nervous.
とっても不安だよ

You must be nervous.

不安なんだね

子どもも不安を感じることがあります。
まだ小さくて自分の気持ちを正確に表現できませんが、
表情で不安がっているのがわかるはずです。
不安の理由がママやパパから見ればとんでもないこともありますが、
子どもは何よりママやパパに共感してほしいのです。
ネガティブな感情も認めてあげれば気持ちを理解するのが楽になるはずです。

今日の語句 **nervous** 〔形容詞〕不安な

I'm very uncomfortable.

落ち着かないよ

You must be
uncomfortable.

落ち着かないんでしょう

かわいい服を着せてあげると、子どもも、ママやパパも気分がいいですよね。
でも子どもは思ったより早く大きくなるので、すぐに服が合わなくなります。
新しい服だと子どもは落ち着かないことも。
そんなときは 'You must be uncomfortable.' と言ってあげましょう。
ほかの状況でも子どもが落ち着かないとき使うことができます。

 uncomfortable〔形容詞〕落ち着かない

🌰 オリバー先生の語学の話イロイロ①

語学に関心の強かった
幼少期〜青年期

　アメリカで育ったぼくは、子どものころから言葉に強い関心がありました。スペイン語を話す周囲の人たちを見て興味を抱き、スペイン語を勉強し、やがて地球の裏側の韓国という国の言葉にも興味が湧いて、韓国語を学びはじめました。

　当時は、韓国語を手軽に学べるようなインターネットも本もありませんでしたが、なんとか手に入れたCDだけがありました。ぎこちない声の韓国語でしたが、とても気に入り、大きなCDプレーヤーをポケットにねじ込んで、毎日聴いてはまねをしていました。

　いつだったか、アルバイト中に大きな声で韓国語をリピートしていたのですが、もし誰かに見られていたら、きっとおかしな人だと思われたでしょう。それでも構わないほど熱中して、新しい言語を覚えることが本当に楽しかったのです。その後韓国に渡ったのですが、韓国語を学ぶ楽しさはますます大きくなる一方でした。

　しかし、順調に見えていたぼくの言葉を学ぶ旅は、意外な課題に出くわすことになります。子どもが生まれ、言葉について、より深く考え悩むようになったのです。

P198に続く

MAY

SENSE OF INDEPENDENCE

自分でやってみる

5月

子どもは成長するとママ・パパの助けなしでいろいろなことをしようとします。
はじめは簡単なことでもとても時間がかかりますし、最後までできないこともあります。
そばで見守るママ・パパとしては、少しもどかしいこともありますよね。
でも、子どもが自分でやってみて、やりとげたと感じられるように待ってあげましょう。
今月は、子どもが自分でやりたいと思ったことができるようにはげまし、
助けてほしいのか聞いてみる表現を集めました。

5月の音声

右記を読み取ると
日付が選択できます

**I can walk
on my own.**
ひとりで歩けるよ

Do you want me to help you walk?

一緒に歩こうか？

子どもが歩きはじめると、
ママもパパももっとじょうずに歩けるように助けてあげたくなります。
子どもはひとりで歩きたがりますが、実際にはママやパパの助けが必要ですよね。
そんなときはシンプルに help という動詞が使えます。

今日の
語句　**help**〔動詞〕助ける

I can get dressed on my own.
服は自分で着られるよ

Do you want me to help you get dressed?

服を着せてあげようか？

子どもに服を着せるのは大変ですよね。自分で着たがるとなおさらです。
パッパッと着替えることができればいいのですが、
思うようにならず時間もかかってぐずったりもします。
服を着るプロセスを get dressed と表現します。

⚠ wearingは服を着ている状態です。
wearing のあとには必ず何を着たか (socks, shirt, pants) がつきます。
I'm getting dressed (服を着ているところだ)：着る行為の途中
I'm wearing a dress (ドレスを着ている)：着ている状態

今日の
語句　**get dressed**〔句動詞〕服を着る

**I can wipe
my mouth
on my own.**
自分で口が拭けるよ

Do you want me to help
you wipe your mouth?

口を拭いてあげようか?

子どもがおいしそうにごはんを食べるのを見ると
ママ、パパも満たされた気持ちになりますね。
でも、一生懸命食べると、口がすぐに汚れてしまいます。
そんなときはとてもシンプルに wipe という動詞を使います。

今日の
語句　**mouth** 〔名詞〕口

**I can turn the pages
on my own.**
自分で本をめくれるよ

Do you want me to help
you turn the pages?

本をめくってあげようか?

子どもはだんだん本が好きになります。
「本をめくる」は turn the page と表現します。
子どもはときどき本の内容よりも
1枚ずつページをめくることが楽しいときがあるようですね。

今日の
語句 **turn** 〔動詞〕(本やページを) めくる

**I can put on
a Band-Aid on my own.**
自分でばんそうこうを貼れるよ

Do you want me to help you put on a Band-Aid?

ばんそうこうを貼ってあげようか？

put on は服だけでなく、マスクやローション、ばんそうこうにも使います。
「ばんそうこうを貼る」は put on a Band-Aid と言います。
ばんそうこうを英語にするときに band だけですませる人がいるかもしれませんが、
Band-Aid でなければ通じません。

今日の
語句　**Band-Aid**〔名詞〕ばんそうこう

**I can ride
my tricycle
on my own.**
ひとりで三輪車に
乗れるよ

Do you want me to help you ride your tricycle?

三輪車に乗るの、手伝おうか？

子どもがはじめて三輪車や自転車に乗った日は忘れられない大切な思い出ですよね。
元気に走る姿を見ると、自分がはじめて自転車に乗った日を思い出すかもしれません。
なお「自転車に乗る」は英語で ride a bike ですが、
自分の自転車なら ride my bike と言います。いつも my をつけましょうね。

今日の
語句　**ride** 〔動詞〕乗る

**I can wipe
my butt on my own.**
自分でおしりを拭けるよ

Do you want me to help
you wipe your butt?

おしりを拭いてあげようか?

トイレトレーニングは時間がかかるし大変ですよね。
ひとりでトイレに行っておしりをきれいに拭けるようになるまでは応援が必要です。
おしりを拭くは wipe one's butt ですが、
大事なのは my または your をかならずつけること。
誰のおしりかわからなくなってしまいますからね。

今日の
語句　**wipe**［動詞］拭く

I can wake up
my father on my own.
ひとりでパパを起こせるよ

Do you want me to help
you wake up your father?

一緒にパパを起こそうか？

子どもはママやパパを起こすのが大好きです。
おねぼうさんがいると子どもと一緒に起こすこともあるでしょう。
「〜を起こしてあげる」は wake 〜 (人) up です。
wake father (パパ) / mother (ママ) / brother (兄弟) / sister (姉妹) up のように
応用できます。

今日の語句 **wake up** 〔句動詞〕起こす

**I can make my
bed on my own.**
ひとりでベッドメイクできるよ

Do you want me to help you make your bed?

一緒にベッドメイクしようか？

子どもがよい習慣を身につけるとうれしいですね。
基本的な習慣として、朝起きて寝具を整えることがあります。
これを英語では make the bed と言います。
自分のベッドには my をつけるのは、もうわかりますね？

今日の語句	**bed**〔名詞〕ベッド

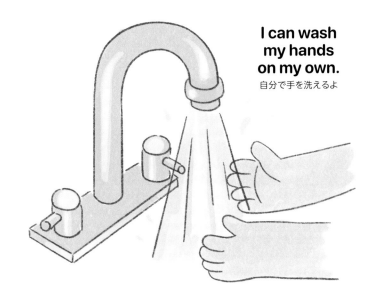

**I can wash
my hands
on my own.**
自分で手を洗えるよ

Do you want me to help you wash your hands?

手を洗ってあげようか?

子どもの手はすぐに汚れます。
子どもは手を洗うのも遊びのようにおもしろがりますよね。
白いあわがぶくぶくと立つのがおもしろいのでしょう。
手を洗ってあげながら 'Wash your hands.' と言ってみましょう。
Your (きみの) か my (わたしの) を忘れずにね。

今日の
語句 **hand** 〔名詞〕手

145

**I can turn
the lights off
on my own.**
自分で電気を消せるよ

Do you want me to help
you turn off the lights?

電気を消してあげようか?

小さな手でパチンパチンとスイッチを押すと、
電気がついたり消えたりするのはおもしろいですよね。
「電気を消す」は turn off the lights と言います。
リビングやキッチンなどの共同の空間はベッドや服、
おもちゃのように個人のものではありませんから、
my lights と言わずに the lights と言います。

今日の
語句　**light** 〔名詞〕電気 (照明)、あかり

**I can take off
my socks on my own.**
自分でくつ下、ぬげるよ

Do you want me to help you take off your socks?

くつ下をぬがせてあげようか?

子どもにかわいい服を着せるのは本当に楽しいですよね。
自分で服をぬぎたがる子もいますね。
服をぬいだりぬがせたりするのを英語で take off と言います。
服を着ているのがイヤでぬぎたがることもありますが、
ぬぐことをおもしろがっていることもありますよね。

今日の語句

sock 〔名詞〕くつ下
＊1組のくつ下の場合はsocksと複数にします

**I can wash
my face on my own.**
自分で顔を洗えるよ

Do you want me to help
you wash your face?

顔を洗ってあげようか?

顔を洗うのをいやがる子もいます。水が顔につくのがイヤなのでしょうね。
でも水分の多い果物を食べて汚れた顔を洗わなければいけませんよね。
英語で「洗う」と言うときはただ wash と言います。

**今日の
語句** **face** 〔名詞〕顔

**I can brush
my teeth on my own.**

自分で歯をみがけるよ

Do you want me to help
you brush your teeth?

歯をみがいてあげようか？

歯みがきが嫌いな子はたくさんいますから
brush my teethというフレーズはすぐに覚えられるでしょうね。
ママ・パパと一緒に歯みがきするのを習慣にすれば、
いつか子どもも歯みがきが楽しくなるはずです。

今日の
語句　**brush**〔動詞〕みがく

**I can button up
my shirt on my own.**
自分でシャツのボタンをとめられるよ

Do you want me to help you button up your shirt?

シャツのボタンをとめてあげようか?

シャツのボタンをとめてあげようとしても子どもがじっとしてくれなくて、
まるで不可能なミッションみたいに感じることがありますよね。
ボタン（button）をとめると言うときは動詞としての button と up（上に）を合わせます。
shirt（シャツ）, pants（ズボン）, jacket（ジャケット）も使って
button up your shirt/pants/jacket と言うことができますよ。

今日の
語句　**button up** 〔句動詞〕ボタンをとめる

**I can get down from
my bed on my own.**
自分でベッドからおりられるよ

Do you want me to help you
get down from your bed?

ベッドからおろしてあげようか?

高いところから低いところにおりるとき頭からおりようとする子がいます。
頭からおりると大ケガをしますよね。
安全におりることができるまでは助けが必要かもしれません。
どこかからおりるとき英語で get down from~ (場所) と言いますが
ベッドの場合は my/your bed となります。

 今日の
語句 **get down** 〔句動詞〕おりる

**I can hold
my bottle on my own.**
自分で哺乳びんが持てるよ

Do you want me to help
you hold your bottle?

哺乳びんを持ってあげようか?

筋肉が発達しはじめると、子どもは自分でびんをつかんで飲もうとします。
最初は手のひらをうまく使えなくて、落としてしまうこともありますよね。
哺乳びんを持つときは hold を使います。
スプーン、コップなどを持つときも使えますから、
応用してみるといいでしょう。

今日の
語句 **bottle** 〔名詞〕びん、哺乳びん

I can take a bath on my own.

ひとりでお風呂に入れるよ

Do you want me to help you take a bath?

お風呂に入れてあげようか?

楽しく一日過ごしたら、子どもの顔と手足は汚れていますよね。
ハンカチで拭くよりお風呂に入るほうがすっきりします。
あたたかいお風呂に入って、ぐっすり眠れるといいですね!
「お風呂に入る」は take a bath と言います。
お風呂に入るたびにこのフレーズで声をかければ、すぐに覚えますね。

今日の
語句　**bath**〔名詞〕お風呂

**I can comb my hair
on my own.**
自分で髪をとかせるよ

Do you want me to help you comb your hair?

髪をとかしてあげようか？

髪の毛が多い子はお風呂のあとにドライヤーをかけながら
髪をとかしてあげなければいけません。
「髪をとかす」を英語で言うときいちばんシンプルなのは comb です。
comb は名詞で「くし」という意味もありますし、
動詞で「とかす」という意味にもなります。

 comb 〔動詞〕とかす 〔名詞〕くし

**I can eat
my peach on my own.**
自分で桃が食べられるよ

Do you want me to help
you eat your peach?

桃を食べさせてあげようか?

はじめて何かをするときはママやパパの助けが必要です。
じょうずにできないしミスをすることもあるからです。
見守るママやパパも、もどかしくてかわいそうで助けたくなりますよね。
でも、子どもが助けられるのをいやがることもあります。がっかりしないでください。
自分でやりたがるのは成長しているからなのです。

今日の
語句 **peach** 〔名詞〕桃

**I can use
my spoon on my own.**
ひとりでスプーンが使えるよ

Do you want me to help you use your spoon?

スプーンで食べさせてあげようか？

子どもが自分でごはんを食べられるようになると、
親は子どものとなりでゆっくりごはんが食べられることもあり、うれしいものですね。
でも、おはしやスプーンをまだじょうずに使えなくて落としてしまったり、
使いたがらないこともあるでしょう。
フォーク、スプーン、おはしなどを使うと言うときは use（使う）と言います。

 今日の
語句 **spoon**〔名詞〕スプーン

**I can open
the door
on my own.**
自分でドアを開けられるよ

Do you want me to help you open the door?

ドアを開けてあげようか?

ドアの開け閉めには意外と力が必要です。
うっかりすると思わず大きな音が出てしまうこともあるし、
体がドアにはさまってケガをすることも。
ドアをじょうずに開けられなくて、ぐずってしまう子もいるでしょう。
そんなときは open the door というフレーズを使って
'Do you want me to help you open the door?' と言ってみましょう。

今日の
語句　**door** 〔名詞〕ドア

I can put away
my toys on my own.

ひとりでおもちゃを片づけられるよ

Do you want me to help
you put away your toys?

一緒におもちゃを片づけようか？

おもちゃが散らかっているとケガをすることもあるので、いつも整理しておきたいですね。
遊んだあとの片づけ方を教えるのもしつけのひとつなので、
早いうちから片づけの習慣を身につけましょう。
「おもちゃを片づける」のは、
おもちゃを元の場所に戻すという意味の put away を使います。

 今日の語句　**toy**〔名詞〕おもちゃ

**I can take off
my jacket
on my own.**
自分で上着がぬげるよ

Do you want me to help you take off your jacket?

上着をぬがせてあげようか?

あたたかい季節になると子どもは暑がって服をぬぎたがります。
小さな穴に腕を入れたり、ぬいたりするのは意外とテクニックが必要ですよね。
じょうずに服がぬげなくてぐずってしまうかもしれません。
服をぬぐことは take off と言います。

 今日の
語句 **jacket** 〔名詞〕上着

**I can pick up
the ball
on my own.**

自分でボールを拾えるよ

Do you want me to help you pick up the ball?

ボールを拾ってあげようか？

子どもの物を探したり拾ったりすることに、親は一日のうち1時間以上もかかると
感じることも。それほど本、服、ハンカチ、おもちゃなどを逐一拾うのは大変です。
子どもが自分で落とした物を拾ってくれれば、とても助かりますよね。
物を拾うことを pick up と言います。

 **ball** 〔名詞〕ボール

I can pet the cat on my own.
ひとりでネコをなでなでできるよ

Do you want me to help you pet the cat?

一緒にネコをなでなでしようか？

おうちやお友達のおうちにかわいい犬やネコがいると、子どもはさわろうとするかもしれません。なで方を知らないと、強く毛をつかんでしまうこともありますよね。ペットを「なでる」ことをpetと言います。ママ、パパが子どもの手を取って、できるだけやさしくpetできるように教えてあげるといいですね。

 cat 〔名詞〕ネコ

**I can throw
the ball on my own.**
ひとりでボールを投げられるよ

Do you want me to help you throw the ball?

一緒にボールを投げようか？

子どもがごはんをたくさん食べると親は幸せな気分になります。
でも気をゆるめてはいけません。
食べ物を口に入れずに壁や床に投げつけることがあるからです。
「投げる」は英語でthrowと言います。食べ物を投げるようになったら、
投げていいものといけないものを教えてあげるといいですね。

 throw 〔動詞〕投げる

SENSE OF
INDEPENDENCE

**I can hold
my doll on my own.**
ひとりでおにんぎょうを抱っこできるよ

Do you want me to help
you hold your doll?

一緒におにんぎょうを抱っこしようか?

子どもを抱きしめて愛してあげれば、子どももすぐにまねをします。
おにんぎょうを一日中抱っこしたがったり、一緒に寝たりしますよね。
子どもの小さな腕におにんぎょうを抱っこさせたとき、
このフレーズを使いましょう。

今日の
語句　**doll**〔名詞〕おにんぎょう

**I can scratch
my back on my own.**
自分で背中をかけるよ

Do you want me to scratch your back?

背中をかいてあげようか？

蚊に刺されるとかゆいですよね。
日本語ではそんなとき「かいてあげようか？」と言いますね？
英語でそのまま 'Do you want me to scratch you?' と言うと、
おどかしているみたいに聞こえます。scratch のあとに back（背中）, leg（脚）, foot（足）
など体の部位をつけないと「痛くなるまでひっかいてやろうか？」と聞こえるのです。
かならず体の部位と一緒に使ってくださいね。

 今日の
語句　　**scratch** 〔動詞〕かく

**I can sit
in my chair
on my own.**
自分でイスに座れるよ

Do you want me to help you sit in your chair?

イスに座らせてあげようか?

歩きはじめた子どもは家具に上がって座ろうとします。
子ども用のイスを買ってあげるといいですね。
最初はイスに上がって座るのが難しいかもしれません。
子どもを助けてあげながら 'I'll help you sit in your chair.' と言ってあげましょう。
子どもはすぐにじょうずに座れるようになるので、
このフレーズはそんなに長く使わなくてもよさそうですよ。

 今日の
語句 **chair** 〔名詞〕イス

**I can open
my snack
on my own.**
自分でお菓子の袋が開けられるよ

Do you want me to open your snack for you?

お菓子の袋を開けてあげようか?

子どもが小さな手でお菓子の袋をつかんで、
開けてちょうだいと言うのは本当にかわいいですよね。
こんなときはシンプルに open という単語を使います。
いつかは自分でお菓子の袋が開けられるようになります。
子どもの手の届かないところにお菓子を隠しておかなければならない日は
もうすぐですよ。

今日の
語句 **snack**〔名詞〕おやつ

JUNE

INSTRUCTIONS

具体的に伝える

6月

子どもは、してはいけないことをするもの。
つい「ダメ!」とか「やめて!」というフレーズを使いがちですが、
それでは子どもには何がダメなのか理解できないそうです。
そこで大切なのが、どんなことをしたらダメなのか具体的に話して聞かせること。
納得できる理由を聞けば、理解力も高まるでしょう。

6月の音声

右記を読み取ると
日付が選択できます

指示

Don't throw your food.

食べものを投げないで

理由

You need to eat your food.

これは食べるものだから

悪いクセになってしまう前にいけないことなのだと教えてあげたほうがいいですよね。
'Don't throw your food.'と言って、なぜダメなのか理由も簡単に説明してあげましょう。
はじめは理解できないかもしれませんが、
ママやパパの表情や口ぶりでだんだんわかってくるはずです。

 今日の語句 **don't**〔表現〕（do notの短縮形）〜しないで

指示

Don't climb your bookshelf.

本棚にのぼらないで

理由

You might fall and get hurt.

落ちてケガをするかもしれないから

ハイハイの次は歩くことだと思いがちですが、実はその前にこわい段階があります。
家具にのぼろうとすることです。ソファはわりと安全ですが、
ときには本棚など危険なところにのぼろうとします。
事故になる前に 'Don't climb your bookshelf.' と言ってとめましょう。

（ヒント）子どもの本棚ならyourと言いますが、ほかの本棚ならyourのかわりにtheを使います。

 climb 〔動詞〕のぼる

指示

Don't grab Mommy's hair.

ママの髪の毛をつかまないで

理由

It hurts.

痛いから

子どもにはおもちゃよりママ、パパの髪の毛のほうが
おもしろく見えることがあるみたいです。
子どもの手の力は強くて、つかまれると髪の毛がごそっとぬけたりします。
そんなことにならないように、ママやパパの髪の毛はつかんではいけないと
しっかり教えてあげるといいですね。つかむというのは **grab** と言います。

 grab 〔動詞〕つかむ

指示

Don't chew on the electric cord.

電気コードを噛まないで

理由

You might get hurt.

ケガをするかもしれないから

歯が生えはじめると、子どもは何でも口に入れて噛もうとします。
やわらかいおもちゃは噛みやすいのですが、
ちょっと目を離すと危険なものを口に入れようとするので、
そばで見ていなければなりませんよね。とくに電気コードみたいなものは危ないですから。
まだ歯が小さいから大丈夫だと思うかもしれませんが、
思ったより子どものあごの力は強いんですよ。

今日の
語句 **chew** 〔動詞〕噛む

指示

Don't spit out your milk.

ミルクを吐き出さないで

理由

You need to drink your milk.

ミルクは飲むものだから

子どもはときにおもしろがって食べ物やミルクをわざと吐き出すこともあります。
がんばって用意した物を吐き出されるとがっかりしますが、
怒らずに、してはいけないことだとはっきり指摘しましょう。
食べ物や飲み物を吐き出すことを英語で spit out と言います。

今日の語句 milk 〔名詞〕ミルク

指示

Don't take off your jacket.

上着をぬがないで

理由

It's cold outside.

外は寒いから

そんなに暑くなくても子どもはおもしろがって服をぬいだりします。
自分で服がぬげるということがおもしろいのか、
何度も繰り返すこともありますよね。
そんなときは take off your 〜（服）というフレーズで子どもに教えてあげましょう。

| 今日の語句 | **take off** 〔句動詞〕ぬぐ |

指示

Don't run away from Daddy.

パパから逃げないで

理由

You might get lost.

迷子になるかもしれないから

じょうずに走れるようになると、子どもはおにごっこをしたがります。
知らないところで走ると道に迷うこともあるので危険ですね。
「〜から逃げる」を英語で run away from 〜 (誰々) と言い、
「道に迷う」は get lost と言います。
子どもが逃げようとしたら手をしっかりつかんで
'Don't run away from me.' と言いましょう。

 今日の
語句 **run away** 〔句動詞〕逃げる

指示

Don't grab the kitty's tail.

子ネコちゃんのしっぽをつかまないで

理由

The kitty doesn't like it.

子ネコちゃんがいやがるから

ネコのしっぽはふわふわで不思議ですよね。
ぷるぷると動くネコのしっぽは子どもの目にはおもしろくてたまらないのでしょう。
子どもがしっぽをつかもうとすることがあります。
髪の毛と同じでしっぽをつかむことにも grab を使います。
ネコはしっぽをつかまれるのが好きじゃないので、
子どもにネコがいやがっていることをしっかり教えましょう。

 今日の
語句　**tail** 〔名詞〕しっぽ

指示

Don't take Mommy's cup.

ママのコップを持っていかないで

理由

It's Mommy's cup.

ママのコップだから

食事中に、子どもがママやパパの食器にいたずらすることがあります。
最初はかわいいかもしれませんが、繰り返されるとイライラしますよね。
「持っていく」は英語でtakeと言い、
何かを持っていかないでというときは 'Don't take 〜（物）.' と言います。
子どもも少しずつ自分のものと人のものを区別できるようになりますよ。

今日の
語句　**cup**〔名詞〕コップ

指示

Don't hit your friend.

友達をたたかないで

理由

It's not nice.

いいことじゃないから

筋肉が発達すると手でできることが増えていきます。
手で物をたたくのもその内のひとつですよね。手にふれる食べ物やおもちゃを
手のひらでたたいているうちに、ほかの人や友達にも同じことをします。
もちろん子どもに悪気はないのですが。
その場でいけないことだと指摘するのがいいですよね。

今日の
語句　hit 〔動詞〕たたく

指示

Don't touch the plate.

お皿にさわらないで

理由

It's very hot.

ものすごく熱いから

食事中のお皿やお茶碗は熱いこともありますよね。
小さくてかわいい手をやけどするかもしれないので、
すぐに「さわらないで!」と言ってあげるのがいいですね。
英語でもすぐに言えるように 'Don't touch 〜 (物の名前).' のフレーズを覚えてくださいね。

 touch 〔動詞〕さわる

指示

Don't play with the door.

ドアで遊ばないで

理由

You might hurt your fingers.

指をケガするかもしれないから

おもちゃで遊んだり、きょうだいやママ、
パパと遊ぶとき play という動詞を使います。
子どもは遊んではいけない危ないものが気になることもありますよね。
ガラスのコップやドアなど危ないもので遊ぶときにも play を使います。

**今日の
語句** **play** 〔動詞〕遊ぶ

指示

Don't put your hands in the trash can.

ゴミ箱に手を入れないで

理由

Your hands might get dirty.

手が汚れるかもしれないから

子どもは目、鼻、口、耳で世の中を知っていきますが、
筋肉が発達して手が自由に使えるようになると、手でも世の中を知ろうとします。
子どもはどこまで深入りしていいのかわからないので、
ゴミ箱や便器にも手を入れようとしますよね。
そんなときは子どもをとめて 'Don't put your hands in 〜 (場所) .' と言いましょう。

 trash can 〔複合名詞〕ゴミ箱

指示

Don't rip the pages.

本のページを破かないで

理由

You need to take care of your books.

本は大切にするものだから

子どもは本が大好きですよね。
ときには遊ぶように本を破くのが楽しいこともあるでしょうね。
ただ、ちょっとやりすぎだと思ったら、やめなさいと言わなければなりません。
そんなときは 'Don't rip the pages.' と言いましょう。
理由を説明するときのために take care (だいじにする) というフレーズを覚えておきましょう。

 今日の 語句　**rip** 〔動詞〕破く

指示

Don't jump off the bed.

ベッドから飛びおりないで

理由

You might get hurt.

ケガをするかもしれないから

子どもはこわいもの知らずです。ベッドに上がって飛びおりたりしますよね。
大ケガをするかもしれないので、
きざしが見えたら 'Don't jump off the bed.' と言ってベッドからおろしましょう。
安全に足からおりることを教えてあげるのもいいですね。
jump off というのはベッド、ダイビングボード、イスなどから飛びおりることです。

今日の語句	**jump** 〔動詞〕飛ぶ

指示

Don't eat that stick.

木の枝を食べないで

理由

It's not food.

食べ物じゃないから

子どもの目にはすべてのものが食べ物に見えるようですね。
落ちているペットボトルも、木の枝も、おもちゃも口に入れようとしますよね。
危なくなければ放っておいてもいいのですが、
危ないものなら 'Don't eat that 〜（物）.' と言いましょう。
このフレーズを聞いたら「食べちゃいけないんだな」とわかるはずです。

 stick〔名詞〕木の枝

指示

Don't give your food to the dog.

自分の食べ物を犬にあげないで

理由

It's your food.

それはあなたの食べ物だから

　子どもと犬が仲良くなるのは、食べ物がきっかけということもあります。子どもが食べ物を落としてしまうと、犬は駆け寄って食べようとしますよね。子どもに知恵がついてくると、遊ぶように犬に食べ物をあげようとします。悪いクセになる前に 'Don't give your food to the dog.' と言いましょう。

今日の語句　**dog**〔名詞〕犬

指示

Don't take out your toys.

おもちゃを出さないで

理由

It's time to go to bed.

寝る時間だから

子どもは眠くても遊びたがることがあります。
寝る時間なのに、おもちゃ箱からおもちゃを出そうとしたり……。
しかし、健康のためには寝る時間は守らなければいけません。
子どもがおもちゃを出そうとしたら 'Don't take out your toys.' と言いましょう。
take out は取り出すという意味です。

今日の語句 **take out** 〔句動詞〕取り出す

指示

Don't pull on the curtains.

カーテンを引っぱらないで

理由

You might get hurt.

ケガをするかもしれないから

子どもは体が小さくても意外と力があります。
家にある家具やカーテンなどを引っぱることもあるでしょう。
カーテンを引っぱると大ケガをすることもあるので気をつけないといけません。
急に何かを引っぱらないでと言うときは
'Don't pull on 〜（物）.'というフレーズを使いましょう。

今日の語句	**curtain** 〔名詞〕カーテン

指示

Don't push your friend.

友達を押さないで

理由

It's not nice.

いいことじゃないから

引っぱったり、強く押したり……
重いおもちゃを自分で持ったり押したりできると、
自分の力におどろいたりもします。
その力を友達に使うと大変なことになりますよね?
友達を押してしまうことがあったら 'Don't push 〜 (人/動物) .' と言ってとめましょう。

今日の 語句	**push** 〔動詞〕押す

指示

Don't put that in your mouth.

それは口に入れないで

理由

You might choke.

のどにつまらせるかもしれないから

小さいうちは目の前にあるものを何でも口に入れようとします。
危なくないものもあるでしょうが、のどにつまるような小さなものはとても危険です。
'Don't put that in your mouth.'と言って物を取り上げたときに泣いてしまったら、
かわりに飲み込めない大きなものをあげるのがいいでしょう。

今日の
語句　**put in**〔句動詞〕入れる

指示

Don't scratch me.

わたしをひっかかないで

理由

It hurts.

痛いから

子どものつめは意外とするどいものです。
それに気づいていない子どもがまわりの人をひっかいてしまうかもしれませんね。
わざとではないので、子どもの手をやさしくつかんで
'Don't scratch me.' と言ってみましょう。
つめを切ってあげればなおいいですね。

 今日の語句 me 〔代名詞〕わたし (に／を)

指示

Stop squirming around.

くねくね動くのをやめて

理由

I need to change your diaper.

おむつを取りかえないといけないから

子どもは少しもじっとしていませんよね。
おむつを取りかえているときもくねくね動いて、冷や汗をかいたりしますね。
忍耐強く理解して、やさしく声をかけるようにしましょう。
絶対に叱ってはいけませんから。
じっとしないでくねくねすることを squirming around と言います。

| 今日の語句 | **squirm** 〔動詞〕くねくねする |

指示

Don't close the book.

本を閉じないで

理由

I'm reading it to you.

あなたに読み聞かせをしているところだから

アメリカでは子どもを寝かしつけるとき必ず本を読んであげます。
そして、この時間を story time（お話の時間）と呼ぶのです。
本を読んであげているのに、子どもが間違って、
あるいはおもしろがって本を閉じてしまうことがありますよね。
本を閉じることを英語で close と言います。ドアを閉じるのと同じですね。

 close 〔動詞〕（本を）閉じる

指示

Don't poke the dog.

犬をつつかないで

理由

The dog doesn't like that.

犬がいやがるから

子どもは指の使い方をだんだん覚えていきます。
そのうち人さし指で何でもつつけるようになります。
はじめはかわいく見えますが、人や動物をつつくと問題になりますよね?
指でつつくことを poke と言います。
つつくのをとめるときはこのフレーズを使いましょう。

今日の語句 **poke** 〔動詞〕つつく

指示

Don't rub your boo-boo.

傷をこすらないで

理由

You need to let it heal.

ちゃんと治らないから

遊んでいると傷ができることがあります。放っておけば治りますが、
傷をさわってしまう子がいますよね。
そうすると治りにくくなるうえ、感染症も心配なので、やめさせるようにしましょう。
そんなときは 'Don't rub your boo-boo.' と言います。
子どもには injury（負傷）という言葉は難しいので、
幼児語で boo-boo と言うとよい、と2月に覚えましたよね。

rub 〔動詞〕こする

指示

Don't play with my necklace.

わたしのネックレスで遊ばないで

理由

It's not a toy.

おもちゃじゃないから

キラキラ光る宝石は子どもの目にもすてきに見えるようですね。
ネックレスをしたママ、パパの首に手を伸ばすことがありますから。
高価ですてきなネックレスも子どもの目には新しいおもちゃに見えるんですね。
おもちゃだと思っているから play with、つまり、遊んでいいと思ってしまうんでしょう。

今日の
語句　**necklace** 〔名詞〕ネックレス

指示

Don't scream at the cat.

ネコに向かって大きな声を出さないで

理由

The cat doesn't like that.

ネコがいやがるから

子どもは人だけでなくペットとも話したがります。
道で出会うスズメやネコもおもしろい話し相手なんですね。
声の大きさを調整できなくて、必要以上に大声を出すことがあります。
そんなときはすぐに 'Don't scream at the cat/dog.' と言いましょう。

今日の
語句　**scream** 〔動詞〕大声を出す

指示

Stay away from the pool.

プールに近寄らないで

理由

You might fall in.

落ちるかもしれないから

子どもは「行ってはいけないところ」というものがまだわかりません。
ここが危ないところだということをそばで教えてあげなければいけませんよね。
大きな道路や湖のようなところに行ったら必ずそうしましょう。
そんなときは 'Stay away from 〜（場所）.' というフレーズを使います。
「その場所から離れなさい」つまり「そこに近寄らないで」という意味です。

 今日の
語句　**pool**〔名詞〕プール

指示

Don't eat too much candy.

お菓子を食べすぎないで

理由

You might get a stomachache.

おなかをこわすかもしれないから

子どもは好きな食べものを一度にたくさん食べようとします。
食べすぎるとおなかをこわすので 'Don't eat too many/much 〜（食べ物）.' と言いましょう。
数えられるもの（ブドウ、イチゴなど）には too many を使い、
数えられないもの（ごはん、肉、麺など）は too much を使います。

今日の
語句　**candy** 〔名詞〕お菓子

🌸 オリバー先生の語学の話イロイロ②

子どもが生まれる前から考えていたこと

　娘のチェリーはアメリカ生まれのアメリカ育ちですが、韓国語だけはどうしても覚えさせたいと思っていました。それはチェリーのルーツの半分（母）は韓国にあって、それを手放させたくなかったから。ドイツから一家でアメリカに移住してきたぼくは、徐々にドイツ語を忘れてしまい、ルーツを失ったような感覚を痛切に抱いていたので、なおのことそうした気持ちが強かったのです。

　確固たる歴史的・文化的ルーツがなく育つというのは、古い歴史のある国で生まれたみなさんにとっては想像しにくいほど、とてつもなく悲しいことです。胸の片隅に穴があいたまま、生きていくようなものなのです。

　そこでチェリーに韓国語を学ばせ、堅固とした文化的ルーツを感じさせてあげることは、ぼくと妻がチェリーに与えられる大きな贈り物のひとつだと考えました。ぼくたち夫婦は、どんな方法でわが子に韓国語を教えることができるか、チェリーが生まれるずっと前から模索していました。

P294に続く

JULY

✳ MANNERS ✳
ポジティブな表現で尊重する

7月

子どもは成長するにつれ、ルールやマナーについて学ぶようになります。
公共の場で騒ぐ子どもには、「ダメ!」「やめて!」などの表現を使いがちです。
英語にするとdon't、quit、stopといった表現です。
もちろん、命令でしつけをすることもできますが、
子どもを尊重してもっとポジティブな表現を
使ってみるのはどうでしょうか?

7月の音声

右記を読み取ると
日付が選択できます

Please keep your room clean.

部屋をきれいにしておこうね

子どもの部屋を常にきれいに保つのは、本当に難しいことです。
でも、子どもはママやパパの行動をいつも見ているので、片づける姿を
子どもに見せてあげることはできます。そうすることで、遊んだ後の散らかった部屋に
責任を感じ、自分から片づけるようになるでしょう。この表現は
'Don't make a mess in your room (部屋を散らかさないで).'より、
ずっとポジティブな表現です。

今日の
語句 **room** 〔名詞〕部屋

Please sit nicely on the couch.

ソファにはきちんと座ろうね

公共の場にあるソファに子どもを座らせると、子どもが靴を履いたままソファの上に
立ち上がろうとすることがあります。
そんなときは、それがマナー違反だということを教えなくてはいけません。
こうした場面では sit nicely という表現が使えます。
nicely は「いい子で」という意味もありますが
「きちんと」という意味合いがより近い言葉です。

 nicely 〔副詞〕きちんと

Please share the snack with your brother.

おやつは弟と分けて食べてね

子どもたちは、ママやパパの声を聞いただけで親の気分を察知したりもしますね。
でも、ほかの人の感情については大人が教えてあげなくては、
理解することはできません。
幼少期は、人と分け合うことを学びはじめる時期ですが、
このようなときには share with という表現を使います。

ヒント おやつを独り占めしようとする子どもには 'Don't eat the snack by yourself（ひとりでおやつを食べないで）.'
よりも、この表現を使うほうが、子どもが自分からおやつを分けるという主体性を強調できてよいでしょう。

 今日の語句 **share**〔動詞〕分ける、共有する

Please be gentle with the dog.

わんちゃんにはやさしくしようね

子どもが間違ってお友達にケガをさせてしまったときは、お友達が泣きながら、
自分のママやパパに駆け寄っていくでしょうからすぐにわかります。
けれども、犬やネコはそうはいきません。
動物を慎重に扱う方法を教えることが重要です。
人や動物、壊れやすいガラスのようなものを注意深く扱うように言うとき、
be gentle with という表現を使うことができます。

今日の語句 gentle 〔形容詞〕やさしい

Please use
your indoor voice.

小さな声で話そうね

子どもの話す声は本当に愛らしいものですが、場所によっては
愛らしさが困惑に変わることもあります。
たとえば静かな図書館や美術館では、声を抑えるのがマナーです。
でも、子どもはまだ「ここで大声を出してはいけない」という基準が
どのような場所で適用されるのかわかりません。
そんなとき indoor voice（室内用の声）の概念を教えてあげるのがよいでしょう。

ヒント 'Stop talking so loud（大声で話さないで）.' と命令することもできますが、indoor voice の意味を学んだ子どもは、
少しずつ声の大きさを調節することができるようになるでしょう。

今日の語句 **indoor**〔形容詞〕室内の

Ask your friend if you can play with his toy.

お友達におもちゃを使っていいか聞いてみようね

ルールやマナーが身についていない子どもは、
衝動的におもちゃを奪おうとすることもあるでしょう。
そのようなとき、子どもを責めるのではなく、人の物を大切に思うことと、
許可をもらうことを教えてあげるのがよいでしょう。
'Don't take your friend's toy（お友達のおもちゃを取らないで）.'と言うこともできますが、
許可をもらう方法を教えてあげるのがよいでしょう。

friend〔名詞〕お友達

Please tell me the truth.

本当のことを話してほしいな

子どもは時々、本当はおやつを食べたのに、
まだ食べていないとうそをつくことがあります。
正直に話すことの大切さを知らない子どもの場合、
'Don't lie to me (うそをつかないで).'と怒っても、あまり効果がないでしょう。
正直に話すこと、つまり 'Tell the truth' と何度も言い聞かせ、
子どもが事実を正直に話したときには、ありがとうと伝えるようにしましょう。
大きくなってからも、ママやパパには正直に話してくれるように。

 今日の語句　**truth**〔名詞〕事実

Please keep your hands to yourself.

なんでもさわっちゃだめよ

レストランで、子どもが高価な食器にふれようとしたらどうしますか?
美術館で彫像に手をふれようとしたら?
気になるからといってなんでもさわっていいわけではありません。
さわってよいものとそうでないものがあることを教えなくてはいけません。

ヒント 'Don't touch that.'と言うこともできますが、アメリカではこのような場合、
'Keep your hands to yourself.'と言う親が多いようです。
'自分の手を自分の体にくっつけておいて'という意味ですが、「何にもさわらないで」と遠回しに伝える表現です。

今日の
語句   **keep** 〔動詞〕(ある状態を)維持する

Please hand me the blocks.

そのブロック、ママ／パパに渡してちょうだい

子どもは力の加減がわからず、物を手渡すときに投げつけることがあります。
けれども、ママやパパが物を手渡す姿を見ながら、
少しずつその方法を学んでいくでしょう。
慎重に物を渡すときは、たいてい手を使うので hand という動詞を使います。

| 今日の語句 | **block**〔名詞〕おもちゃのブロック |

Please ask the man for candy.

あめをもらえるか、おじさんに聞いてごらん

子どもはおもちゃやおやつを見つけたとき、勝手に持ってきてしまうことがあります。
大人が行えば盗み (stealing) ですが、子どもにはその概念がありません。
そのため、欲しいものがあるときに、その許可を得る方法を教えてあげましょう。
何かをもらう許可を得るときには 'ask somebody for something' と言うことができます。

 今日の
語句　**man**〔名詞〕おじさん

Please set your bottle on the floor.

びんを床に置こうね

力の調節ができるようになった子どもには、物を床に投げ飛ばすのではなく、
慎重に床に置く方法を教えてあげることができます。
無造作に床に投げつけると、物が壊れたり床が汚れたりすることもありますからね。

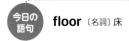 **floor** 〔名詞〕床

Please walk.

歩こうね

歩くことに慣れない子どもも、だんだん自然に歩けるようになり、
あっという間に走りはじめます。こうなると、ママ・パパはますます忙しくなるでしょう。
とくに、危険な駐車場や歩道にいるときには、気を抜けなくなります。
そのようなとき、走らずに歩くように子どもに伝えなくてはいけません。
もっとも簡潔な表現は 'Please walk.' です。

 急いで歩こうとする子どもには 'Please slow down (ゆっくり歩こう).' という表現が使えます。

今日の
語句　**please** 〔表現〕〜しよう (優しく提案をする命令)

Please pet the cat like this.

ネコは、こうやってなでようね

子どもは動物をたたいたり (hit)、つねったり (pinch) することがあります。
ネコをつねる子どもに 'Don't pinch the cat (ネコをつねらないで).' と
注意することもできますが、なでる方法をやさしく教えてあげるほうがよいでしょう。
なで方を子どもに教えるときに like this を付け足してみてください。
Like this は「このように」という意味で、行動を示すときに役立つ表現です。

 今日の
語句　**like this** 〔表現〕このように

Please put that in the trash can.

それはごみ箱に入れようね

子どもはときに危険な小石や葉、枝なども口に入れてしまうことがあります。
小さなものは口に入ると危ないので、区別する方法を教えてあげるとよいでしょう。
'Don't eat that (それを食べないで).'と言ってもいいですが、危険なものを
一緒にごみ箱に入れながら 'Put that in the trash can.'と言うこともできます。

 今日の語句　**in** 〔前置詞〕中に／で／の

Please stay still.

じっとしていてね

服を着たり食事をしたりするとき、遊びたがる子どもがしきりに立ち上がり、
ほかの場所へ行こうとすることがあります。
そのようなとき、ママ・パパはイライラしてしまいますよね。
大切なのは、子どもに 'Don't move (動かないで) !'と怒ったりせず、
冷静な声で 'Please stay still.'と言うことです。
はじめは効果がないかもしれませんが、いつかはわかってくれるようになるでしょう。

 **still** 〔副詞〕じっとして

Please gently turn the pages.

ページはそっとめくろうね

一緒に本を読んでいて、子どもがうっかり本を破ってしまったとき、なんと言えば
いいでしょう？ 'Don't tear the pages (破らないで).' と言うこともできますが、
力の調節が未熟な子どもの場合、意図せず破ってしまった可能性が高いでしょう。
丁寧なページのめくり方を見せてあげながら
'Please gently turn the pages.' と言いましょう。

 gently 〔副詞〕やさしく、そっと

Please stay in your car seat.

チャイルドシートに座ったままでいようね

子どもは運動能力が高まるほど、逃げ出す能力も高まります。
そして、チャイルドシートから簡単に抜け出したりもするでしょう。
イライラするのもわかりますが、安全のため必ずチャイルドシートに座らせましょう。
「行かないで」「じっとして」を伝えるとき stay を使うことができます。
「そこから出ないで」ということを意味します。

 car seat 〔複合名詞〕チャイルドシート

Please keep your clothes on.

服は着ていようね

子どもは裸になることに恥じらいがないので、人の前でも服をぬぐことがあります。
けれども、公共の場で服をぬぐのはマナー違反です。
寒い日には風邪もひきやすくなるでしょう。
そのようなときには、'Please keep your clothes on.' と言うことができます。
この場合のkeepは、「そのまま維持する」という意味です。

 今日の 語句 **clothes** 〔名詞〕服

Please knock on the door.

ドアをノックしようね

力の調節がうまくできない子どもは、
ノックをしようとしてドアを強くたたくことがあります。
'Don't bang on the door (ドアを強くたたかないで).' と言うこともできますが、
'Please knock on the door.'と言って、ノックの仕方を示してあげるのもよいですね。
ママ・パパは、子どもたちのよいお手本です。
はじめは力の調節が難しくても、すぐにできるようになるでしょう。

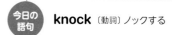 **knock** 〔動詞〕ノックする

218

Please leave the cables alone.

コードはさわらないでね

コードは、子どもたちの目には楽しそうなおもちゃに見えるようです。
でも、むやみにふれると大きな事故につながることもあります。
「危険なものには手を出さないで」と言うとき leave alone という表現を使います。
コードのほかにも、熱い食器やとげのあるサボテンなどに手を伸ばしたときにも
この表現を使うことができます。

 leave alone 〔句動詞〕放っておく

Please show your toys to your friend.

おもちゃをお友達に見せてあげようね

子どもが所有という意思を持ちはじめると、お友達に
自分のおもちゃを見せるのをいやがることがあります。
これは自然な成長過程なので、欲張りで悪い子だと叱る必要はありません。
そのかわり、どのように振る舞えばよいか示してあげます。
'Please show your toys to your friend.' と伝えれば、お友達と一緒に
楽しく遊べることを教えてあげられるでしょう。

今日の語句 **to** 〔前置詞〕〜に

Please sit on my lap.

ママ／パパのお膝に座ろうね

マナーを守るべき公共の場で、子どもが動き回ると冷や汗をかきますよね。
膝の上に座らせてもじっとせず、飛び跳ねたりされると、もっと困ります。
抱っこをしていても飛び跳ねる子どもに 'Don't jump on me（ジャンプしないで）.' と
叱ることもできますが、よりポジティブな表現で
'Please sit on my lap.' と言うこともできます。

 今日の語句 **lap** 〔名詞〕膝（座ったときの太ももの上側）

Please say hello to your grandmother.

おばあちゃんにご挨拶しようね

社会生活を経験しはじめたばかりの子どもは、
まわりの人に注意を払えず、挨拶をしないことがあります。
相手の気分を害しようとしているわけではありませんが、
子どもには、礼儀正しく挨拶することを教えるのがよいでしょう。
挨拶は社会関係を築く第一歩ですからね。
挨拶を促すときは、'Please say hello to 〜（人）.' と言うことができます。

 今日の語句 **grandmother** 〔名詞〕おばあちゃん

Please be careful with the remote control.

リモコンはやさしくさわろうね

子どもには、リモコンが楽しそうに見える時期があるようです。
たくさんの不思議なボタンを押すと、画面が次々にかわるのが興味深いのでしょう。
でも、おもちゃだと思って乱暴に扱うと、リモコンを壊してしまいかねません。
そのようなときには、'Be careful with ～（物）.'という表現を使います。
気をつけて扱ってね、という意味があります。

 **今日の
語句**

remote control 〔名詞〕リモコン
＊remoteだけで使うこともできます。

Please lie down and go to sleep.

横になって、寝ようね

子どもの中には寝るのをいやがり、夜遅くまで遊びたがる子もいます。
ベッドの上で飛び跳ねたりもするでしょう。
でも、ベッドは飛び跳ねる場所ではなく、横になって眠る場所です。
冷静に 'Please lie down and go to sleep.' と言ってみましょう。
この表現を使う前に、子どもが寝る準備をできるように、
穏やかな雰囲気をつくってあげましょう。

 今日の語句　**lie down**〔句動詞〕横になる

Please be kind to the cats.

ネコちゃんにはやさしくしなくちゃね

動物には、人間のようなはっきりとした表情はありません。
そのため、動物にも気持ちがあるということがわからず、
ふざけておどかしたりする子もいるでしょう。
'Don't scare the cats（ネコをおどかさないで）.' と
注意することもできますが、'Be kind to the cats.' と言って、
どのように扱うべきか教えてあげましょう。

今日の
語句　**kind**〔形容詞〕やさしく

Let your food cool down.

少し冷めるまで、待っていようね

レストランで注文した食べ物が運ばれてきた直後は、少し熱いことがあります。
でも、おなかをすかせた子どもは大喜びして騒ぐかもしれません。
まだ食べないで、と言うときに
'Don't eat your food yet (まだ食べないで) .' と言うこともできますが、
'Let your food cool down.' と言うことも。人の多いレストランでじっと
食べ物が冷めるのを待つことを学ぶのも、大切ですからね。

 今日の語句 **cool down** 〔句動詞〕冷める

Please let go of my legs.

脚を離してちょうだい

ママやパパを好きすぎて、子どもが脚をつかんで離さないことがあります。
その姿はかわいくもありますが、ママやパパが転んだり、子どもが大ケガをすることも。
'Don't hold onto my legs（脚をつかまないで）.'と言うかわりに、
'Please let go of my legs.'とお願いすることもできます。

ヒント 'Let go of 〜'は、「〜を離す」という意味です。脚だけではなく、
物をつかんで離さないという状況にも使うことができます。

 今日の語句 leg〔名詞〕脚

Please ask nicely.

丁寧にお願いしてごらん

まわりの人たちが一生懸命、自分に尽くしてくれることがわかってくると、
大人に対して不作法に命令するという悪い習慣が芽生えることがあります。
そのようなときには 'Please ask nicely.' と言ってみましょう。
'Ask nicely.' には「丁寧に頼んでください」という意味があります。

ヒント 人に向かって横柄にあれこれ命令することをbossing someone aroundと言います。
'Don't boss me around (わたしに偉そうにしないで).' のように使います。

今日の語句 ask 〔動詞〕頼む

Please calm down.

落ち着いて

あまり昼寝ができなかったり、おなかがすいたりすると、
子どもは機嫌が悪くなることがあります。
子どもがかんしゃくを起こすと、両親もカッとしやすくなりますよね。
でも、あまり感情的にならずに、自分を落ち着かせる方法を見つけましょう。
そして、子どもには冷静に 'Please calm down.' と伝えます。
ママやパパが興奮しないことが、子どもが落ち着くためにもよいはずです。

ヒント 突然、爆発するように怒りだすことをhave a fitと言います。

今日の語句 **calm down** 〔句動詞〕落ち着く

Please hold mommy's hand in the parking lot.

駐車場では、ママと手をつなごうね

家の中では、子どもがある程度自由に過ごすことができますが、
外には危険も多いので、子どもをしっかり守らなくてはなりません。
もっとも安全な方法は、子どもと手をつなぐことです。
とくに、駐車場や踏切、人の多い場所などでは、
子どもに 'Hold my hand.' と言いましょう。この習慣を身につければ、
子どもは公共の場に出るたびに、自分から親と手をつなぐようになります。

 今日の語句　**parking lot**〔複合名詞〕駐車場

AUGUST

NATURE

外の世界を探検する

8月

子どもたちは外の世界にも興味いっぱい。
大木が風に揺れる音、青い空にぷかぷか浮かぶ雲、
咲き誇る花々は、
子どもたちの好奇心をかきたてるでしょう。
今月は、自然や動物とふれ合いたい子どもたちとの会話に
役立つ表現を扱っていきましょう。

8月の音声

右記を読み取ると
日付が選択できます

Is it a cloud?
あれは雲?

Wow! What is that?
わぁ!　あれは何?

子どもたちは毎日、まわりを観察したり、探索しながら脳を発達させるといいます。
そんなとき、ママ・パパと子どもの間の相互作用は、とても大切なものです。
簡単な文章でいろいろなことを話してみましょう。
子どもの目がきらきらと輝きはじめますよ。

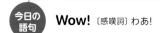 **Wow!**〔感嘆詞〕わぁ!

It's amazing!
すごいね!

That cloud is shaped like a heart!

あの雲、ハートみたいな形してるね!

子どもの隣に座って雲を眺めるのは楽しいものです。
どんどん変わっていく雲の形を見ながら、その形について話してみるのもよいでしょう。
雲の形について言うときには 'The cloud is shaped like 〜（形）.' と表現します。

今日の
語句　**cloud** 〔名詞〕雲

**The mountains
are so big!**
すごく大きな山だね!

Can you see the mountains over there?

あそこにある山、見える?

子どもの視力は日々発達しますが、
興味深い景色に目がとまるよう、ママ・パパが導いてあげることも必要です。
そのようなとき 'Can you see the 〜 (景色)?' と言ってみましょう。
はるか遠くにある景色に目を向けさせるときに役立つ表現です。

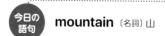

今日の
語句　**mountain**〔名詞〕山

**I don't
see it.**
見えないよ

There's a river over there.

あそこに川があるね

いろいろな風景が次々に見えるようなとき、'There's a 〜 (物／動物).'という
簡単な文章で表現することができます。
とくに、はじめて訪れる場所に行ったときには
何度でも繰り返し使いたくなる、とても便利な表現です。
この世界のさまざまなものを子どもに見せてあげましょう。

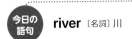

**今日の
語句** **river** 〔名詞〕川

The sunset is so pretty!
とってもきれいな夕日だね!

Let's go watch the sunset.
夕日を見に行こう

子どもをそれほど早く寝かせなくてもよいのなら、一日の最後に
子どもと一緒に夕日を見に行くのはどうでしょうか?
夕日のような自然現象を眺めるときは「見る」という単語 watch を使います。
大好きな家族と太陽が沈む風景を見たなら、
あたたかい色に染まる雲のように、心もあたたかくなるでしょう。

> **今日の語句** sunset 〔名詞〕夕日

The trees are so tall!

すごく背が高い木だね!

This is the forest.

ここは森よ

目の前にある場所について話すときは、'This is the 〜 (場所).'と言います。
見どころの多い場所に連れていくたびに、子どもたちはとても喜びます。
とくに、はじめて見る動植物に出合うことができる森の中は、
子どもたちの探検に最適な場所でしょう。
次の休日は森へ行ってみるのはどうですか?

今日の語句 forest 〔名詞〕森

Do I sound like a bird?
鳥みたいに聞こえる?

Can you chirp like that bird?

あの鳥みたいに鳴ける?

朝、目が覚めたときに鳥のさえずりが聞こえると、気持ちが安らぎます。
鳥のさえずりに目を覚ました子どもも、機嫌がよさそうですね!
庭やベランダに鳥がいたら、指さしながら子どもに聞いてみてください。
'Can you chirp like that bird?' 子どもは目に見える鳥とその声を
関連づけて理解するようになるでしょう。

 **今日の
語句** chirp 〔動詞〕さえずる

The kitty is so soft!
子ネコちゃん、
とってもふわふわだね!

Do you want to pet the kitty?

子ネコちゃん、なでてみる?

子どもは動物を見ることも好きですが、ふれてみることも大好きです。
動物をやさしくなでるのは pet という表現を使います。
pet は名詞で「ペット」という意味ですが、動詞では「なでる」という意味になります。
つまり、pet a pet (ペットをなでる) と言っても
まったく奇妙な表現には聞こえません。

 kitty 〔名詞〕子ネコちゃん (かわいく呼ぶときの表現)

Is the dog hungry?
わんちゃん、
おなかへってるのかな？

Let's feed the dog.

わんちゃんにエサをあげよう

子どものそばに動物が多いほど、共感能力が高まると言われています。
動物がごはんを食べる様子を子どもに見せてあげると、
「わんちゃんも、わたしみたいにおなかがすくんだね」と気がつくでしょう。
ちなみに、成犬になった犬は英語でdog（犬）と言いますが、子犬はpuppyと呼びます。

今日の
語句　**feed** 〔動詞〕食べさせる

**The horse is
very fast.**
すごく速いね

Look at the horse run!

あの走ってるお馬さん、見て!

遠くの風景を見せると、子どもの視力の発達が促されるように、
速く動く動物を見せてあげることも、視力の発達によいと言われています。
公園や動物園で速く動く動物を見ながら、
run（走る）、fly（飛ぶ）、swim（泳ぐ）を使い、
'Look at the 〜（動物）run / fly / swim.'と言ってみましょう。

> **今日の
> 語句** **horse**〔名詞〕馬

**The rabbit
is heavy.**
ウサギさん、重たいね

Do you want to hold the rabbit?

ウサギさん、抱っこしてみる?

慎重に行動できるようになった子どもには、動物を抱かせてあげることもできます。
動物が痛がったりケガをしたりしないようなやさしい抱き方を学ぶうちに、
子どもは自然に共感能力を高めていくでしょう。
動物や子どもを抱くとき、英語ではholdを使います。
また、ウサギはrabbitのかわりに愛称としてbunnyと言うこともできます。

 今日の語句　**rabbit**〔名詞〕ウサギ

Did it go away?
ハチ、もう行った?

There's a bee! Watch out!

ハチよ！ 気をつけて!

屋外で過ごすと、子どもに危険な動物や虫が近づくことがあります。
子どもはハチやアリのような虫を見ても、危険だとわからないので
すぐに 'Watch out!' と注意を促しましょう。
この表現をしっかり覚えておくと、動物や虫だけではなく、
車や自転車が近づいたときにも使えるので便利です。

今日の
語句　**bee**〔名詞〕ハチ

**I found it
in the garden.**
お庭で見つけたよ

Where did you find
that flower?

そのお花、どこで見つけたの？

子どもはよく、地面にあるものを拾おうとします。
汚いものに手を伸ばすこともありますが、
花のようにかわいいものを手に取ることもあるでしょう。
そのようなときには、'Where did you find that 〜（物）?'と聞いてみましょう。

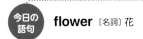
flower〔名詞〕花

**The bees are
very loud.**

ハチ、とってもうるさいね

Can you hear the bees buzzing?

ハチがブンブン飛ぶ音、聞こえる?

花畑に行くとハチの姿も目につき、ブンブンと飛ぶ音も聞こえます。
ハチの音は英語でbuzzと言いますが、
子どもは自動車や飛行機の音とハチの音を区別できないことがあります。
そのため、ハチの音が聞こえたときに、「聞こえる?」と聞いてみるとよいでしょう。

今日の
語句　**buzz**〔動詞〕ブンブンと音をたてる

**The flower is big
and beautiful.**
大きくてきれいなお花だね

The flower started
blooming!

花が咲き始めたね!

つぼみがかわいらしく膨らみ、花が咲くころになると、次の日がとても楽しみですよね。
花が「咲く」は英語でbloomと言います。花が咲いているのを見つけたときには
'The flower started blooming.'と言ってみましょう。
子どもは、花が咲いていく過程にいっそう興味を持つでしょう。

今日の語句	**bloom** 〔動詞〕咲く

**Is that
enough water?**
お水はこれくらいでいい?

Let's water the plant.

植物にお水をあげようね

自分で植物を育ててみるのも、子どもにとってよい経験になるでしょう。
誰もが知っている「水」という意味の単語 water は、
「水をあげる」という意味の動詞としても使えます。
子どもと一緒に水をあげるときには 'Let's water the plant.' と言ってみましょう。

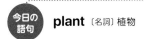

今日の
語句　**plant** 〔名詞〕植物

**Where are
the ants going?**
アリさん、どこに行くの？

The ants are walking
in a line.

アリさんが列をつくって歩いてるね

地面にいるとても小さなアリを一生懸命観察している
子どもの姿を目にすることがあります。近くで見ると、アリが列をなして歩いているのが
見えますが、まるでとても小さな人間が歩いているようにも見えます。
そんなアリたちを子どもと見るときには'The ants are walking in a line.'と言ってみましょう。
ここで in a line は「列をなして」という意味です。

walk〔動詞〕歩く

**Can I touch
the butterfly?**

ちょうちょ、さわってもいい?

A butterfly is sitting on the flower.

ちょうちょがお花にとまってるね

かわいい花を見ていると、きれいなちょうちょが飛んできて花にとまりました。
蜜を吸いに来たようです。おなかいっぱいになったちょうちょが飛んでいってしまう前に、
子どもに 'A butterfly is sitting on the flower.' と言ってみましょう。
ちょうちょをじっくり観察してみるのもいいですね。

今日の
語句　**sit**〔動詞〕とまる、座る

**The clouds are
so dark.**

雲が真っ黒だね

It looks like it's going to rain.

雨が降りそうだね

雨雲がわいてきたら遊ぶのをやめて、公園から帰らなくてはなりません。
そんなとき、帰る理由を説明してあげるとよいでしょう。
だんだん暗くなってくる空を指さしながら、
'It looks like it's going to rain.' と言ってみましょう。
いつか子どもも、雨雲を見ながら同じ表現を使えるようになりますよ。

今日の
語句　rain〔動詞〕雨が降る

Cats say, 'Meow'.
ネコは「ニャオーン」って鳴くよ

What sound does a cat make?

ネコはどんな声で鳴く?

動物の鳴きまねは、子どもたちがとても喜ぶ遊びです。
だから、大人があえて促さなくても動物の鳴きまねをするでしょう。
ワンワンほえる犬、ニャオーンと鳴くネコ、
カーカーと鳴くカラス、ピヨピヨと鳴くヒヨコ。
子どもの小さな口を通して、動物の赤ちゃんたちのお話を聞いているようです。

 今日の語句　**sound**〔名詞〕音、声

**Bunnies hop very
quickly like this.**

ウサギはこうやって、
とっても速く跳ねるよ

How does a bunny hop?

ウサギはどうやって跳ねる?

子どもたちは動物の声だけではなく、動物の動きもまねします。
カメののそのそ歩く様子や、ウサギがぴょんぴょん跳ねる姿、
スズメが小さな翼を羽ばたかせる仕草など……。
まねをしながら、動く速さや大きさの違いを自然に学んでいくでしょう。

 hop 〔動詞〕ぴょんぴょん跳ねる

The dog looks happy.
わんちゃん、幸せそうだね

The dog is wagging its tail.

犬がしっぽを振ってるね

動物にも感情があります。とくに、動物も幸せを感じるということを
子どもたちに示してあげると、心の知能指数が高まると言われています。
そこで犬が機嫌よく尾を振っている姿を見せてあげてください。
そして、犬がどのような気持ちでいるのか、子どもと話してみましょう。
尾を振る行動はwagと表現します。

 今日の語句 **wag** 〔動詞〕尾をパタパタ振る

It's easy to find ladybugs in the grass.

てんとう虫は
芝生で簡単に見つかるよ

Let's look for ladybugs.

てんとう虫を探しましょう

じっと腰を下ろして花や雲を眺めるのもいいですが、
元気に動き回って、あちこちでうごめく虫を探すのも楽しいものです。
運動にもなり、視力の発達にも役立ちます。
何よりも、小さく、はかない存在の虫を乱暴に扱わないように教えると、
「虫も痛みを感じるかも!」などと思いやりを持つようになるでしょう。

今日の
語句　**ladybug** 〔名詞〕てんとう虫

The grass is moist.
芝生がしめってるね

Feel the grass with your fingers.

指で芝生をさわってごらん

都会に住んでいると、芝生にふれる機会があまりありません。
そのため、子どもと郊外に出かけて芝生を見つけると、とてもうれしいものです。
芝生の状態がよければ、子どもと芝生にふれながら遊んでみてください。
たまにしか味わえないことなので、貴重な体験になるでしょうし、
遊んでいるうちに、ためらうことなく芝生の上を歩き回るようになるでしょう。

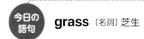 **grass** 〔名詞〕芝生

**The sound of the waves
makes me sleepy.**
波の音って眠たくなるね

Listen to the sound of the waves.

波の音を聞いてごらん

砂、カモメ、カニ、そして何よりも、どこまでも続く地平線と打ち寄せる波は
子どもにとって、まるで別世界。
海を眺めながら波の音を聞いてみましょう。
波を追いかけながら楽しく遊んで、パラソルの下で一緒にお昼寝するのもいいですね。

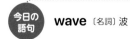 **wave**〔名詞〕波

The sand feels so smooth.
砂ってとってもサラサラだね

How does it feel to walk on sand?

砂の上を歩くのは、どんな感じ?

海に足をひたすためには、砂浜を歩かなくてはなりませんね。
砂がきれいであれば、子どもと一緒にはだしで砂を踏みしめながら、
その感触を味わってみてください。
くつを履いていてはわからなかった感触の魅力に、すっかり夢中になるでしょう。

 今日の語句　**sand**〔名詞〕砂

I can hear the ocean!
海の音が聞こえる!

Hold the conch shell to your ear.

貝殻を耳にあててごらん

日本では、貝殻を耳にあてると波の音が聞こえると言いますよね。
不思議なことに、アメリカでも同じように言います。
つまり、海に行かなくても、巻貝の殻で波の音を聞かせることができるのです。
海に行ったとき、貝殻で聞いた音を思い浮かべてみるのも楽しそうですね。

 今日の語句 **shell**〔名詞〕貝殻　**conch shell**〔複合名詞〕サザエなど巻貝の殻

Can I look inside?

中、見えるかな?

What do you think is living in this shell?

この貝殻の中に何がすんでると思う?

海には、想像以上に多くの生き物がすんでいます。
水の中にはクラゲや魚、砂の上にはたくさんの貝殻があります。
ときどき、貝殻の中に小さな生き物がすんでいることもあります。
砂浜で貝殻を拾いながら、楽しく話してみてください。

今日の
語句

live〔動詞〕すむ

I want to grab it!
虹をつかみたいよ!

Can you see the rainbow?

虹が見えるかな?

雨がやむと、虹が見えることがあります。
大人の目にはそれほど不思議ではなくても、子どもには魔法のように見えますよね。
もし庭にホースがあれば、水を空に向かってまいてみてください。
霧吹きでもよいでしょう。
子どもたちは、ママやパパがつくった虹を見て、大はしゃぎするはずです。

 **rainbow** 〔名詞〕虹

**Yes.
Can I take
them off?**
うん。
くつ下をぬいでもいい?

Did the morning dew get your socks wet?

朝露でくつ下がぬれたの?

朝から外で遊ぶと、くつ下をぬらしてくるかもしれません。
朝露で、あちこちぬれているでしょうからね。
服や靴下がぬれたときには get wet という表現を使います。
これは雨や雪でぬれた服について話すときにも使えます。

 今日の語句 **dew** 〔名詞〕露

It's painful.
痛いよ

That must be painful.

それは痛そうだね

子どもは活動量が増えると、ケガをすることもだんだん増えてきます。
子どもがケガをすると、両親はすぐに駆け寄って抱き上げてあげるでしょう。
そのようなときは、子どもの痛みに共感し、言葉で表現してあげましょう。
共感をしてもらえた子どもは、ほかの人の痛みも共感できるようになるでしょう。

今日の
語句　**painful**〔形容詞〕痛い